安徽财经大学第十三批专著资助出版

安徽省高校人文社科重大项目（SK2015ZD02）

安徽财经大学C类学科特区"流通创新与产业集群"的研究成果

Research on the
System Construction of
Venous Industry in China
Take an Example of Municipal Soild Waste Industry

我国静脉产业体系构建研究
——以城市固体废弃物处理产业为例

张宝兵 /著

中国财经出版传媒集团

经济科学出版社
Economic Science Press

图书在版编目（CIP）数据

我国静脉产业体系构建研究：以城市固体废弃物处理产业为例/张宝兵著.—北京：经济科学出版社，2016.12

ISBN 978 – 7 – 5141 – 7618 – 6

Ⅰ.①我⋯　Ⅱ.①张⋯　Ⅲ.①再生资源 – 资源产业 – 产业体系 – 研究 – 中国　Ⅳ.①F124.5

中国版本图书馆 CIP 数据核字（2016）第 307408 号

责任编辑：李　雪
责任校对：隗立娜
责任印制：邱　天

我国静脉产业体系构建研究
——以城市固体废弃物处理产业为例
张宝兵　著
经济科学出版社出版、发行　新华书店经销
社址：北京市海淀区阜成路甲 28 号　邮编：100142
总编部电话：010 – 88191217　发行部电话：010 – 88191522
网址：www.esp.com.cn
电子邮件：esp@esp.com.cn
天猫网店：经济科学出版社旗舰店
网址：http://jjkxcbs.tmall.com
北京密兴印刷有限公司印装
710×1000　16 开　13.75 印张　200000 字
2016 年 12 月第 1 版　2016 年 12 月第 1 次印刷
ISBN 978 – 7 – 5141 – 7618 – 6　定价：46.00 元
（图书出现印装问题，本社负责调换。电话：010 – 88191510）
（版权所有　侵权必究　举报电话：010 – 88191586
电子邮箱：dbts@esp.com.cn）

前　　言

随着社会经济的发展，人类社会面临着越来越严重的资源短缺与环境污染问题，按照目前资源的消耗速度，常规能源将在不久的将来会被消耗殆尽；人类赖于存在的生态环境也在不断地恶化中。为了实现人类社会可持续发展，必须改变目前的资源利用方式，发展静脉产业，实现废弃物资源化与回收再利用是改善资源供给结构，治理环境污染的必由之路，也是美国、日本、欧盟等大部分发达国家的惯用做法，它们在发展静脉产业方面积累了较为成熟的经验，能够我国提供有益的参考。

长期以来，我国经济发展沿着"大量开采—大量生产—大量废弃物"的线性模式进行，这种依靠原生资源的大量消耗获得经济发展的粗放增长方式难以长期维系。虽然，我国早在20世纪50年代中期就开始进行了废旧物质的回收，但是由于我们长期对环境问题的忽视和"地大物博、物产丰富"的舆论导向等原因，并没能从"废弃物就是资源"的高度加以重视，致使我国静脉产业没能发展起来，远远落后于西方发达国家，废弃物资源化处理率不高，大量的废弃物被白白扔掉，这不仅带来了严重的环境问题，还造成了巨大的资源浪费。因此，从我国经济发展的长远角度出发，需要大力发展静脉产业，提高废弃物资源化处理水平，将废物变成资源，以支撑我国经济的长期增长的能源供给需求。

从我国目前静脉产业发展现状来看，回收环节、中间处理环节与最终处理环节之间存在着衔接不畅，产业链上、中、下游之间存在着体系断层，关联不紧密，回收环节的分散化与最终处理环节的规模化之间的矛盾较为突出；从产业布局层面来看，产业园区、二手市场、社区回收网络之间存在着布局不合理等问题，这些问题在城市固体废弃物处理领域有着很明显的体现，降低了静脉产业链运行效率，阻碍了城市固体废弃物处理水平的提升，客观上需要建立一套完整的体系，以促进我国静脉产业的发展。这对于转变我国经济发展方式、实现产业结构合理化与高度化、缓解资源短缺带来的压力，以及改善环境质量有着重要意义。

基于上述考虑，本书以静脉产业体系构建为研究内容，以城市固体废弃物为研究对象，系统归纳发达国家静脉产业发展的成功经验，从产业链、产业布局与产业发展的外部支撑等维度系统构建我国静脉产业体系，全书共分为八章。

第一章，导论。主要介绍本书的选题背景，研究意义，书中涉及的重要概念，研究内容与方法、创新与不足等。

第二章，研究综述与理论基础。通过对国内外学者在该领域的研究成果进行综述，总结他们研究达成的共识，找出目前研究的薄弱环节，确立研究方向。并从可持续发展理论，循环经济理论，规制经济理论等学科对静脉产业体系进行解释，为本书后续部分的写作奠定理论基础。

第三章，静脉产业体系主体行为与依据。通过理论模型分析政府行为对社会福利的影响，为政府管理静脉产业体系提供依据；分析企业选择原生资源与再生资源的边界与决定因素，并从废弃物自身的特征、我国静脉产业发展状况及静脉产业发展目标等方面为静脉产业体系的构建提供了依据。

第四章，静脉产业链运行体系。从城市固体废弃物的回收、物流、处理、资源化等不同环节，通过考查我国静脉产业链诸环节，提出了构建我国静脉产业链运行体系的基本路径。

第五章，静脉产业空间布局体系。从生态城市建设、静脉产业园区的建设、旧货市场建设、废弃物交易中心、社区回收网络等方面对静脉产业布局体系进行了研究。

第六章，发达国家静脉产业发展状况与经验。介绍美国、日本、欧盟等发达国家和地区静脉产业发展的现状，总结归纳它们在构建静脉产业体系，处理城市固体废弃物方面的成功经验，为我国静脉产业体系构建提供了外部参考。

第七章，静脉产业支撑体系。主要从政策体系，管理体系、环境教育体系等方面研究支撑静脉产业发展的外部支撑体系。

第八章，研究结论与展望。总结本书研究得出的重要结论，对本书需要进一步探讨的问题进行展望。

本书是在笔者博士论文的基础上修改而成的，因水平所限，书中还存在着错误与疏漏之处，肯请同行专家、学者批评，斧正。

张宝兵

2016年11月

目　　录

第一章　导论 ……………………………………………… 1

　　第一节　写作背景与意义 ………………………………… 1
　　第二节　概念释义 ………………………………………… 7
　　第三节　研究目标与内容 ………………………………… 12
　　第四节　研究思路与方法 ………………………………… 14
　　第五节　创新与不足 ……………………………………… 16

第二章　文献述评与理论基础 …………………………… 18

　　第一节　文献述评 ………………………………………… 18
　　第二节　理论基础 ………………………………………… 36

第三章　静脉产业体系的主体行为及构建依据 ………… 49

　　第一节　静脉产业体系的主体 …………………………… 49
　　第二节　静脉产业体系的主体行为分析 ………………… 55
　　第三节　静脉产业体系构建依据 ………………………… 65

第四章　我国静脉产业链运行体系 ……………………… 71

　　第一节　城市固体废弃物的回收 ………………………… 72

第二节　我国静脉产业链运行的中间环节 …………… 84
  第三节　我国静脉产业链最终处理环节 …………… 91
  第四节　静脉产业链体系的共生 …………………… 107

第五章　我国静脉产业城市布局体系 ………………… 111
  第一节　生态文明与生态城市 ……………………… 111
  第二节　静脉产业园区 ……………………………… 118
  第三节　我国城市固体废弃物的交易体系 ………… 127
  第四节　静脉产业体系在城市的合理布局 ………… 134

第六章　发达国家静脉产业的发展与体系建设经验 … 139
  第一节　发达国家静脉产业发展状况 ……………… 139
  第二节　发达国家静脉产业体系建设经验 ………… 153

第七章　我国静脉产业体系构建的路径 ……………… 166
  第一节　政策引导 …………………………………… 166
  第二节　科学管理 …………………………………… 175
  第三节　环境教育 …………………………………… 183
  第四节　构建静脉产业体系的其他方面 …………… 188

第八章　结论与展望 …………………………………… 193
  第一节　研究结论 …………………………………… 193
  第二节　研究展望 …………………………………… 198

参考文献 ………………………………………………… 200
后记 ……………………………………………………… 213

第一章

导 论

本章主要介绍本书的概貌，包括本书的写作背景、写作意义、写作思路、研究内容、研究方法，以及创新与不足之处等。

第一节 写作背景与意义

本书的选题立足于我国社会经济发展中面临的资源短缺与环境污染问题，结合我国城市固体废弃物处理产业发展现状，以构建静脉产业体系，促进静脉产业发展，提高城市固体废弃物资源化处理率为研究目标。本书的选题是以人类社会的可持续发展和我国产业结构变迁，以及近年来国家对静脉产业发展的促进政策走向为背景的。

一、研究背景

随着社会经济的发展，环境恶化、资源短缺对经济的"瓶颈"制约问题日益突出。为了寻求经济长期发展的资源支持，主要发达国家兴起了一股静脉产业发展的浪潮，进入21世纪以来，以废弃物资源化为主要内容的静脉产业得到了越来越多的国家的重视，在部分发达国家的产业结构中，静脉产业成为其重要的支柱产业之一，如美国的静脉产业已经成为其支柱产业，产值与其汽车产业相当；德国也通过了"3R"① 行动计划，鼓励民间团体参与废弃物处理，倡导公私合作处理废弃物的模式，使得德国成为世界上静脉产业发展程度较高的国家之一；日本在2000年通过循环型社会推进法，提出了分阶段处理废弃物的循环型社会构建规划，使得静脉产业在日本也得到了快速的发展。发达国家对静脉产业的重视，不仅促进了这些国家环境的改善与资源节约，还为这些国家提供了大量的就业机会，创造了国民收入，取得了良好的经济、环境与社会效益。

　　改革开放以来，依靠资源的大量投入的粗放型增长模式造成了我国经济发展对资源的高度依赖，我国单位GDP能耗是世界上比较高的国家。虽然国家一直致力于调整产业结构，实施产业升级策略，大力开发新能源，鼓励能源领域内的技术创新等一系列措施，以此来摆脱我国工业化和现代化对资源过度依赖的现状，但是由于制度变迁的刚性和产业结构升级的复杂性，这种粗放型的增长模式在短期内依然难以改变，而我国现有的资源存量难以支撑我国工业化的长期快速发展。因此，在兼顾社会经济发展保持一定速度和效益的同时，寻求经济长期发展的资源支撑，是我国当前和今后一段时间内经济发展的重要主题之一。

　　以废弃物处理为对象的静脉产业，具有运行成本低；经济、环境效益好；发展前途广阔的特征，能够在很大程度上解决我国

---

① 3R 是指 Reduce，Recycle，Reuse. 即减量化、再循环与再使用。

第一章 导　论

经济发展面临的资源约束问题，缓解环境污染带来的巨大压力。实际上，我国在20世纪50年代，以供销合作社系统为依托，已经开始对部分废旧物质进行过回收，这可以看成是现代静脉产业在我国发展的开端，只是后来该产业并没有发展起来。20世纪90年代，国内部分学者开始引进国外的循环经济理论，传播可持续发展理念，我国社会也开始对"先污染、后治理"的工业发展模式进行反思，并逐步重视循环经济与静脉产业的发展。2005年（被誉为"中国循环经济年"）我国开始实施《中华人民共和国固体废弃物污染防治法》，表明了我国开始从环境视角下重视发展静脉产业；2006年实施的《静脉产业类生态工业园区标准（试行）》，标志着静脉产业在我国成为一门独立的产业；2009年确立的战略性新兴产业中的节能环保产业发展目标中，提出了要"加快资源循环利用关键共性技术研发和产业化示范，提高资源综合利用水平和再制造产业化水平，加快建立以先进技术为支撑的废旧商品回收利用体系"；"十二五"规划中"节能环保""绿色发展"也是主要的关键词，表明了静脉产业在我国也不断地被得到重视。2012年年底，全国多数城市被雾霾笼罩，呼唤着我国大量消耗资源的产业结构必须转型；同年，党的十八大报告中特别强调突出了"生态文明"建设，并把它提到了一个与经济文明、政治文明、文化文明等并存的历史高度。2015年，中央政治局审议通过了《关于加快推进生态文明建设的意见》，明确提出要牢固树立"绿水青山就是金山银山"的理念，协同推进工业化、城镇化、信息化、农业现代化和绿色化。我国的"十三五"规划提出了"创新、协调、绿色、开放、共享"五大发展理念，而静脉产业是实现我国绿色发展重要依托。2016年，国家发展改革委会同住房和城乡建设部组织起草并印发了《垃圾强制分类制度方案（征求意见稿）》，意见稿中明确要求到2020年年底，重点城市生活垃圾得到有效分类，垃圾分类的法律法规和标准制度体系基本建立，生活垃圾减量化、无害化、资源化和产业化体系基本形成，初步形成可复制、可推广、公众基本接受的生活垃圾强制分类典型模式。实施生活垃圾强制分类的重点城市，生活垃圾分类收集覆盖率达到90%以上，生活垃圾回收利用率达到35%以上（含再生资源回收、分类收集并实施资源化利用的厨余等易腐有机垃圾）。到2030年，生活垃圾分类得到全社会的普遍认可和积极参与，差异化的垃圾分类模式在全国所有城镇得到推广，农村生活垃圾分类水平明显提高。要实现上述目标，就需要大力发展静脉产业，将我国的废弃物"变废为宝"。

从发达国家静脉产业发展实践和我国静脉产业政策导向来看，该产业有着广阔的发展前景，并会逐步在产业结构系统中占据重要地位。城市固体废弃物资源化处理属于静脉产业的重要组成部分，涉及经济、社会、环境等诸多方面。对城市固体废弃物进行资源化处理，是深入贯彻科学发展观的要求，也是转变我国经济增长方式，实现我国经济社会的可持续发展的重要支撑。

从目前我国城市固体废弃物处理现状来看，以生活垃圾处理为例，卫生填埋、清运、焚烧、循环利用等是主要的处理方式，而清运实际上是转移了城市固体废弃物存在的空间位置，多数城市固体废弃物从城市各个角落转移至城郊，造成了全国近2/3的城市被"垃圾包围"，甚至有"城市垃圾包围农村"的趋势；卫生填埋，也无法完全将城市固体废弃物中的有害物质和难以消解的成分达到无害化处理的标准，不仅侵占了大量的土地，还污染了土壤和地下水，并且这些会通过代际转移的方式将生活垃圾处理问题转嫁给我们的子孙后代。我国城市固体废弃物处理水平低，每年不经处理直接丢弃的各类城市固体废弃物多达 1 亿吨左右，被丢弃的"再生资源"价值高达 250 亿元左右，专家指出，固体废弃物综合利用率若能提高 1%，每年就可减少 100 万吨废弃物的排放量，每回收利用一吨再生资源，相当于减少 4 吨固体废弃物处理量；每回收利用一吨废钢铁，可以节省开采各种矿石 20 吨，节约 1.2 吨炼钢标准煤，到 2020 年我国再生铝比重如果能从目前的 21% 左右提高到 60%，就可以替代 3640 万吨的铝矿石需求，节电 1365 亿千瓦时，节水 9100 万立方米。因此，发展静脉产业，将城市固体废弃物进行资源化处理，循环利用，能够有效地解决我国面临的资源环境问题，实现我国经济结构转型与可持续发展。

基于上述背景，本书以城市固体废弃物（一般工业废弃物与生活垃圾）为主要研究对象，以我国静脉产业体系构建为研究内容，遵循静脉产业自身发展的基本规律，沿着产业人格化的主线，以静脉产业参与主体行为微观分析结论为基础，从静脉产业链及静脉产业在城市的布局与组合等层次，结合我国城市固体废弃物处理产业发展现状，借鉴发达国家静脉产业发展经验，系统研究了我国静脉产业体系的构建问题。

二、研究意义

本书的理论意义主要体现在以下几个方面：

（1）对静脉产业产出再生资源对原生资源取代的条件与边界进行了理论分析。虽然静脉产业产生的再生资源能够取代原生资源的观点已被普遍接受，但是这个取代的过程主要是通过企业在生产中对原材料的选择来实现的，企业在生产产品时，什么情况下使用原生资源？什么条件下使用再生资源？也就是使用原生资源与再生资源的边界在哪里？本书引用经济学中著名的命题"伯川德悖论"，结合生产企业、废弃物处理企业的成本结构，以及使用要素的原则，进行了理论分析，具有一定的理论意义。

（2）政府对静脉产业运行不同环节的政策效果进行了理论分析。废弃物减量化的政策重点应放在废弃物产生以前，在生产领域要延长产品生命周期，从产品设计环节开始；在消费领域要从消费者的观念和消费习惯改变开始；而废弃物一经产生，产生者考虑的是排放路径，此时政策的重点应是资源化处理与无害化处理，并从理论上对不同环节的政策设计问题进行了分析，具有一定的理论价值。

（3）本书从理论上研究了静脉产业与动脉产业之间的关系，不仅体现在它们共同构成了循环经济闭合回圈，而且它们之间也有密切的联系，这种联系通过在资源使用中的竞争关系，通过再生资源对原生资源的取代过程得以体现。

本书的实际意义主要体现在以下几个方面：

（1）当前，我国城市固体废弃物污染环境的事件时有发生，研究静脉产业体系建构问题，对于提高城市固体废弃物资源化处理水平，减少固体废弃物污染问题，降低其对环境的破坏，改善我国城市生态环境有着重要的实际意义。

（2）我国城市固体废弃物处理行业最终处理环节具有较为典型的垄断特征，产业发展的市场化程度不足，造成了城市固体废弃物资源化处理水平低。本书从回收、处理、资源化、市场化等产业链运行维度；沿着国内外静脉产业发展的历程变迁的时间维度、静脉产业园区、静脉企业的集聚、旧货市场建设、废弃物交易中心建设等空间维度，以及产业外部的支撑体系建设维度，深

第一章 导　论

入了探讨我国静脉产业体系的建构问题，这对于提高我国城市固体废弃物处理效率和资源化处理规模，具有一定的参考价值。

（3）如何将城市固体废弃物中的有用成分进行资源化，再投入到产业结构系统中，事关我国经济社会可持续发展的重大而又现实的问题。本书以静脉产业体系构建为主要研究内容，系统研究了我国城市固体废弃物资源化处理问题，对于缓解当前我国经济发展面临的资源约束、转变我国产业结构和经济发展方式、实现我国经济可持续发展等方面具有较强的实际意义。

第二节　概　念　释　义

本书使用的主要概念有静脉产业、再生资源、固体废弃物处理产业、生活垃圾、一般工业固体废弃物等。

一、主要概念

（一）静脉产业

静脉产业（venous industry）一词最早是由日本学者后藤典弘等于2001年提出的，是借用人体中静脉的功能来形象地比喻能够将废弃物进行收集、加工成再生资源的产业领域，如同人体静脉将含有二氧化碳的血液输送回心脏一样。按照日本《循环关键字》对静脉产业进行了如下界定：一般制造业等可称作动脉产业，处理、处置及循环利用从这些产业排放的废弃物的产业相当于人体的静脉，因此可称作静脉产业。从日本对静脉产业的界定中可以看出，静脉产业的研究内容十分丰富，所有废弃物收集、加工、处理，以及市场化的过程都是静脉产业研究的内容。

我国于2006年对静脉产业做出了如下定义："以保障环境安全为前提，以节约资源、维护环境为目的，运用先进的技术，将生产和消费过程中产生的废物转化为可重新利用的资源和产品，实现各类废物的再利用和资源化的产业，包括废物转化为再生资源及将再生资源加工为产品两个过程"。

与静脉产业概念相近的是"废弃物处理产业"和"资源再生利用产业"。目前学术界并没有明确区分静脉产业与它们之间的区别，从产业发展的目标和内容上来看，静脉产业与它们确实没有实质性的区别。但笔者认为它们之间的侧重点还是有所不同的，相比较而言，静脉产业的概念更为宽泛，包括废弃物处理的各个环节，以及各个组成单元，还有技术、制度、管理等多个层面；而废弃物处理是指对废弃物进行无害化、资源化与减量化处理，更多的涉及技术层面处理；资源再生利用产业则是特指将废弃物进行资源化处理，产生再生资源，将再生资源投入到产业结构系统中，以达到再利用的目的。

（二）废弃物

《巴塞尔公约》是各国进行废弃物管理的立法基础，该公约对废弃物（waste）的定义是：指处置的或打算予以处置的或者按照国家法律规定必须加以处置的物质或物品。日本在其《推进循环型社会基本法》中将废弃物分为三种类型：没有价值的物质（non valuable）、废弃的物品（discarded articles）、人类活动产生的副产品（by product）；美国环境署发布的报告中则将城市固体废弃物分为家庭废弃物（household waste）、市政废弃物（municipal waste)、食品废弃物（food waste）和工业废弃物（industrial waste）四类。我国 1995 年颁布了《固体废弃物污染防治法》，2005 年施行了新修订的版本，该法对固体废弃进行了如下解释：指在生产、生活或其他活动中产生的丧失原有利用价值或者虽未失去原有利用价值但被抛弃或者放弃的固态、半固态和置于容器中的气态物品、物质以及法律、行政法规纳入固体废弃物管理的物品、物质[①]。城市固体废弃物就是在城市产生的固态的、半固态的废弃物。

（三）再生资源

再生资源是指在生产和生活消费中产生的、不再具有原来的使用价值，但经过回收、分类和加工处理，能获得新的使用价值的各种废弃物。例如，报废的交通工具、废旧电子电器产品、废旧五金、废纸、废塑料等，均是再生资源[②]。2003 年，中国统计年鉴首次统计了废旧物质回收与加工业的相关数据，这是我国官方统计中与再生资源产业最为接近的一个行业；在最新版的行业分类代码表（GB/T4754－2011）使用了废弃资源综合利用业（代码为 42），包括金属废料和碎屑加工处理（代码为 421）和非金属废料和碎屑加工处理（代码为 422）两个组成部分。前者包括从各种废料，如固体废料、废水（液）、废气等中回收，并使之便于转化为新的原材料，或适于进一步加工为金属原料的金属废料和碎屑的再加工处理活动，包括废旧电器、电子产品拆解

---

① 崔铁宁. 再生资源产业政策和机制的理论与实践 [M]. 北京：中国环境科学出版社，2011：21－23.
② 周宏春. 变废为宝：中国资源再生产业与政策研究 [M]. 北京：科学出版社，2008：1－5.

回收。后者是指从各种废料，如固体废料、废水（液）、废气等中回收，或经过分类，使其适于进一步加工为新原料的非金属废料和碎屑的再加工处理活动。

（四）生活垃圾

生活垃圾是指在日常生活中或者为日常生活提供服务的活动中产生的固体废物，以及法律、行政法规规定视为生活垃圾的固体废物，主要包括可回收垃圾、厨房垃圾、有害垃圾和其他垃圾。

二、静脉产业、动脉产业与循环经济

循环经济是以资源节约和环境保护为导向，在生产发展和消费活动中坚持将废弃物排放对环境造成的损失降低到最低限度，以减少人类活动的负外部性；而以废弃物资源化处理为主要内容的静脉产业，能够将废弃物转化为适合人类生产生活使用的资源，在一定程度上缓解人类社会面临的日益严峻的资源压力；同时，静脉产业将废弃物资源化处理后，有效地减少了废弃物对环境的破坏作用，具有良好的环境效益，从以上两个层面上来看，静脉产业是发展循环经济的支撑产业，是实现经济可持续发展的依托产业，发展静脉产业实质上就是发展循环经济，因为其结果必然是节约资源和保护环境，这与循环经济要求和起因是一致的[①]。循环经济并不排斥人类活动对资源的消耗和对环境的依赖，

---

① 孟耀，於嘉. 静脉产业、循环经济与节能减排 [J]. 东北财经大学学报，2008 (7)：80 – 83.

第一章　导　论

而是能够有效地将资源消耗和环境依赖降低到地球能够承受的范围之内。从人类经济发展的历史轨迹来考察，工业革命以来，社会生产力发展水平得到了极大的提高，同时人类对自然环境的破坏和不可再生资源的开发利用也几乎达到了极限，无论是工业化发展程度高的先发国家（地区）还是广大的后发国家（地区），产业结构对不可再生资源仍然存在着一定的依赖性，人类社会的发展仍然处在节约资源、保护环境与经济发展之间的冲突中，静脉产业无疑为人类寻求这种冲突的解决提供了可能。

静脉产业还是循环经济的前沿领域[①]。如果将产业发展所使用的资源按照是原生资源还是再生资源来划分，可以将产业分为动脉产业与静脉产业两大类。动脉产业是将原生资源加工成社会需要的产品供人类社会来使用；静脉产业则是将动脉产业生产和人类消费所产生的废弃物进行处理，形成再生资源，或利用再生资源来生产产品，动脉产业与静脉产业共同构成了循环经济，而静脉产业处于这条循环链条前端。如图1-1所示。

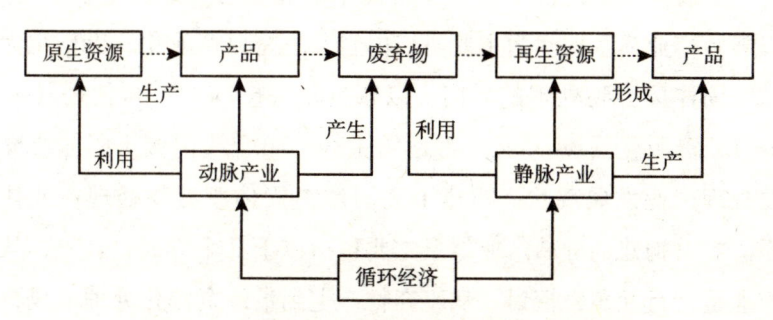

图1-1　动脉产业、静脉产业与循环经济关系

---

① 王建明，彭星闾．城市固体废弃物规制政策研究综述——推进循环经济的前沿领域［J］．外国经济与管理，2006（9）：59-65．

· 11 ·

第三节 研究目标与内容

本书以减量化、资源化与再使用原则为指导，以提升静脉产业发展水平和城市固体废弃物资源化处理为目标。本书的研究内容是围绕着该目标，从产业链与产业布局两个层面构建我国静脉产业体系来展开的。

一、研究目标

本书以我国城市固体废弃物处理产业为研究对象，在我国最新官方使用的（2012年的中国统计年鉴）废弃物统计口径中，将城市固体废弃物分为生活垃圾、一般工业废弃物与危险废弃物三类，因为危险废弃物涉及更多的技术与国家管理的问题，本书对该类废弃物很少涉及，主要研究生活垃圾与一般工业废弃物。以静脉产业体系构建为主要研究内容，坚持以产业化、市场化为城市固体废弃物处理的导向，以减量化（reduce）、再使用（reuse）、资源化（resource）为逻辑主线，结合我国城市固体废弃物处理产业发展现状，构建了我国城市固体废弃物处理产业体系。本书构建的静脉产业体系主要包括以下几个方面：首先，从产业链运行视角，探讨了从废弃物产生到最终资源化处理形成再生资源的全过程的不同环节构建静脉产业链运行体系；其次，基于产业链运行效率的提升和废弃物减量化目标，减少居民和企业将旧物质作为废弃物进行处理，通过静脉产业在空间上的合理布局体系的建立，使得废旧物质产生者能够将废弃物尽可能进行分拣，实现废弃物排放的减量化目标；最后，以 3R 原则为指导，结合我国静脉产业发展实践，从产业运行的外部，构建城市固体废弃物的管理体系、环境教育体系及政策体系等，以保障静脉产业链高效运行、废弃物市场化、资源化的目标得以实现。

二、研究内容

首先，采用纵横结合，时空结合，理论与实践相统一的逻辑思路，从理论、实践、产业内与产业外等不同维度对我国静脉产业体系进行了研究。本书的导论部分介绍选题的背景、意义、研究思路方法、创新与不足等，并对本书涉及的主要概念进行解释。文献综述与理论基础部分，重点对已有的研究成果进行梳理，整理出与本书研究内容相关的几条线索，对现有的文献采用述评结合的方式，综合归纳目前学者们基本达成共识之处，指出目前研究的薄弱环节，结合可持续发展理论、循环经济理论、外部性与政府规制等理论的基本观点，以及它们对静脉产业体系的解释，奠定论文的研究基础。在此基础上，对静脉产业主体行为进行微观分析：首先，分析政府作为静脉产业体系的管理者，其政策对静脉产业其他主体的影响，以及这种影响产生的社会福利，从而为第七章政府的政策、管理、环境教育等外部体系的建构提供理论基础；其次，分析生产企业选择原生资源与再生资源的决策变量，并将废弃物处理企业的成本分为废弃物获得成本（回收、分拣、资源化处理）、废弃物处理成本及再生资源市场化实现成本（销售、交易等发生的支出），要提高再生资源对原生资源的取代，就要减少这两类成本，也就是要提高静脉产业链运行效率，实现静脉产业在城市的合理布局，从而为本书的第四章与第五章提供理论支持（包括本书第一章~第三章）。

其次，按照产业链运行顺序，对静脉产业的回收、中间处理与最终处理的不同环节，以及静脉产业在城市中不同的布局方式，采用实证分析与规范分析相统一的思路，结合静脉产业自身的特点，从产业链活动顺序和产业空间布局对我国静脉产业体系建设进行了深入研究（包括第四章~第五章）。

再次，介绍国外静脉产业发展的状况以及发达国家静脉产业体系建设经验，为我国静脉产业体系建构提供有价值的参考建议，并结合静脉产业的特点和我国目前对静脉产业政策、管理、环境教育现状，提出了建立我国现代静脉产业的支撑体系的基本思路（包括第六章~第七章）。

最后，研究结论与展望。根据本书的研究内容，得出相应结论，并对本书涉及的研究对象未来的研究动态进行展望（第八章）。

第四节 研究思路与方法

本书采用纵横交叉的分析思路，从纵向上构建静脉产业链运行体系，从横向上研究静脉产业在城市的空间布局体系，采用理论与实践相统一的原则，结合我国城市固体废弃物处理产业，对我国静脉产业体系的构建问题进行了系统研究。

一、研究思路

依据上述的研究内容，本书采用如下的研究思路，如图1-2所示。

第一章 导 论

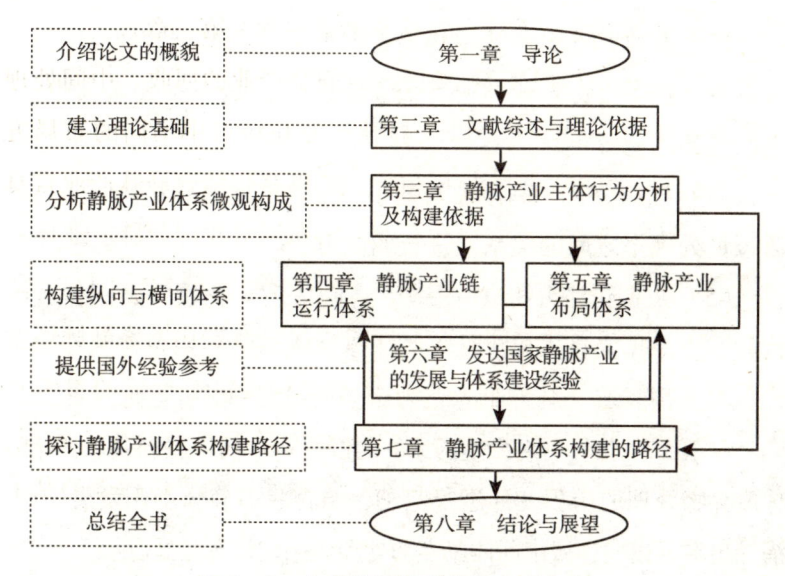

```
介绍论文的概貌 ┈┈┈ 第一章 导论
建立理论基础 ┈┈┈ 第二章 文献综述与理论依据
分析静脉产业体系微观构成 ┈┈┈ 第三章 静脉产业主体行为分析及构建依据
构建纵向与横向体系 ┈┈┈ 第四章 静脉产业链运行体系 / 第五章 静脉产业布局体系
提供国外经验参考 ┈┈┈ 第六章 发达国家静脉产业的发展与体系建设经验
探讨静脉产业体系构建路径 ┈┈┈ 第七章 静脉产业体系构建的路径
总结全书 ┈┈┈ 第八章 结论与展望
```

图1-2 本书的逻辑思路与主要内容

二、研究方法

根据研究对象的特点和本书的主要研究内容，本书采用以下研究方法：

（1）文献研究。虽然静脉产业的概念是由国外传入中国的，但是国外学者直接用静脉产业进行研究的文献较少，绝大多数学者使用的是再生资源产业、废弃物处理产业、循环经济等概念来对静脉产业进行研究，这样就使得静脉产业相关的研究成果散落在循环经济、再生资源与废弃物处理等相关领域。本书通过大量的文献搜集与系统总结、归纳现有的文献关注的主要研究领域，进行文献综述，采用了有述有评，述评结合的方法，以发现该领域研究比较薄弱之处，确定本书的研究重点。

（2）调查研究。选择我国京、津、鲁、皖等省市的部分企业和环卫部门进行调查研究。以掌握本书研究对象的现状。

（3）局部均衡分析。采用新古典假定，以政府对废弃物排放者收费、再生资源企业与原生资源企业之间的竞争关系为内容，进行局部均衡分析。

（4）回归分析。利用加权最小二乘法，对人均国民收入与生活垃圾处理率之间的关系，进行回归分析。

（5）数据包络分析（DEA）。将固体废弃物投资、固体废弃物的产生量作为投入单元，将固体废弃物综合利用量作为产出单元，对我国省域一般工业废弃物综合利用效率进行评价。

（6）归纳演绎。对发达国家发展静脉产业的经验和我国城市固体废弃物处理的历程变迁进行归纳，结合我国静脉产业发展实践，演绎出对促进我国城市固体废弃物处理体系建设有益的启示。

第五节　创新与不足

本书的主要创新与不足之处有以下几个方面：

一、创新之处

本书的创新之处在于：

（1）提出组建回收者合作经济组织等建议。本书对我国静脉产业组织中回收分散化、低组织化与静脉产业链其他环节联系不密切的问题，提出建立回收者合作经济组织、产业链下游经济主体对回收环节的整合等建议角度，将"自组织"与"被组织"相结合，整合产业链各环节之间的关系，提出提高我国废弃物回收组织化程度的对策思路，具有一定的新意。

（2）对再生资源取代原生资源的过程与边界进行理论分析。

目前，再生资源能够节约原生资源得到一致的认同，但是这种节约还是通过企业使用再生资源取代原生资源的过程来实现的。本书分析了再生资源对原生资源发生替代的原因、逻辑机理及边界，具有一定的开创性。

（3）系统建构我国静脉产业体系。根据静脉产业自身运行的特点，本书从产业链运行体系与产业空间布局体系，以及外部支撑体系等角度构建了我国产业体系。系统研究促进了我国城市固体废弃物处理的路径与体系建设，具有一定的创新性。

二、不足之处

由于研究对象具有复杂性，不同城市固体废弃物产业化处理的技术经济要求各不相同，产业化处理水平存在着较大差异，产业市场结构也千差万别，给研究工作带来了巨大地挑战。本书试图在生态文明建设的时代背景下，结合我国静脉产业发展实践，尝试构建纵横交叉、政策支撑的三维体系，抽象出适合城市固体废弃物产业化处理的一般规律，以提高我国城市固体废弃物产业化处理水平。但书中也存在着明显的不足之处：

（1）对静脉产业各个组成行业分析不够深入。本书研究的静脉产业体系建设问题仅仅是以城市固体废弃物为对象，而且对固体废弃物中的危险废弃物研究较少，对于废弃物中的气体和液体形式更是没有涉及，这对研究结论的普遍适用性造成了一定的影响。

（2）本书研究是以城市生活垃圾与一般城市工业废弃物为对象，而两类废弃物本身具有各自不同的特点，对它们处理的技术路线亦应有所区别，但在本书的体系构建中，并没有对它们进行分别对待，这使得本书研究结论的应用价值在推广中有一定的局限性。

第二章

文献述评与理论基础

实际上，学者们对静脉产业研究在该概念没有出现以前就已经展开，只是使用的是再生资源产业或废弃物处理产业的称谓而已。虽然静脉产业在实践中和政府的政策文件中已经成为一个经常提及的字眼，由于其研究对象具有广泛性与复杂性，目前大多数学者还是倾向于使用废弃物处理产业、再生资源产业来代替静脉产业；有些学者虽然认可静脉产业与循环经济有着一定的区别，但在研究中，虽然使用循环经济的概念，其研究的实际内容则是静脉产业；也有些学者以某些具体废弃物作为研究对象，研究静脉产业问题，但并不使用静脉产业的提法。本章将对目前学者们在该领域的主要研究成果进行评述，找出目前研究的薄弱环节，对废弃物处理、循环经济、静脉产业、再生资源等与本书内容相关的文献进行梳理，并结合可持续发展理论、循环经济理论、产业组织、产业规制等相关的理论，奠定本书的研究基础，确立研究方向。

第一节 文献述评

城市固体废弃物带来的资源与环境问题引起了国内外学者们

的广泛关注，他们基于不同的研究视角对该问题进行了研究，现有的研究成果主要集中在以下几个方面。

一、关于城市固体废弃物处理方式的研究

随着社会经济的发展，城市固体废弃物也在不断地增长。城市固体废弃物是人类社会发展面临的一种机遇，也是一种挑战，对其进行资源化处理能够产生人类社会经济发展需要的资源，从而弥补现有资源的供给不足，缓解经济发展因资源不足带来的压力。废弃物处理在产生再生资源的过程中，实现了环境的净化，从而具有良好的环境效益；反之，将会对生态环境造成巨大破坏，最终城市环境将不堪重负而崩溃（玛丽娜等，Marina. et al.，2003）[1]。施蒂尼格等（Schwarz et al.，1997）[2]也指出：城市固体废弃物资源化处理具有良好的资源与环境效益，能够增强城市的可持续发展能力，因此要对城市废弃物进行有效地处理，以缓解人类社会面临的资源与环境问题。从世界各国城市固体废弃物处理的实践来看，目前的主要处理方式有以下几种方式：资源化、焚烧、堆肥与填埋。艾德沃斯和丹尼尔（Edwards, D. R. and T. C. Daniel, 1992）[3]的研究结果表明，对固体废弃物进行资源化处理是人类社会改善生态环境的重要手段，能够帮助人类

---

[1] Alberti, Marina, John M. Marzluff, Eric Shulenberger, Gordon Bradley, Clare Ryan, and CraigZumbrunnen. "Integrating Humans into Ecology: Opportunities and Challenges for Studying Urban Ecosystems" [J]. Bioscience 53, No. 12 (2003): 1169 – 1179.

[2] Schwarz, E. J., Steininger, K. W. Implementing nature's lesson: The industrial recycling network enhancing regional development [J]. Journal of Cleaner Production, v5, n1 – 2, 1997: 47 – 56.

[3] Edwards, D. R. and T. C. Daniel. 1992. Environmental impacts of on farm poultry waste disposal—a review [J]. Bioresource Technology 41 (1992): 9 – 33.

实现生态的"可持续性";南希等(Nancy B. et al., 2000)[1]从城市生态系统对长期稳定的角度,证明了城市废弃物进行资源化处理能够保持城市生态系统的长期稳定与平衡。然而,许多国家在城市固体废弃物处理中,还存在着非法倾倒现象,这种现象在发展中国家尤为普遍(辛格,R. K. Singh,2010)[2],造成了发展中国家存在着严重的资源环境问题,废弃物的污染不仅给生态系统带来了巨大的破坏,还影响发展中国家的地下水的水质,对地球的生物圈、水圈都造成严重的污染。奥苏瓦伊科(Alshuwaikhat H M., 2005)[3]指出,发展中国家资源与环境问题的解决,对废弃物进行资源化处理是一条重要的措施,虽然废弃物处理在短期内需要进行大量投资,增加政府财政负担,但是发展中国家最终会从废弃物处理中获得长期收益。克里莫斯(J. J. Klemeš, 2010)[4]认为,对城市固体废弃物处理能够将人类活动对生态环境破坏减少到最小限度,并能从这些废弃物处理中获取再生资源,从而解决资源短缺对社会经济发展的"瓶颈"约束。斯科特等(Scott. et al., 2010)[5]学者警醒人们,如不能对

---

[1] Grimm, Nancy B., J. Morgan Grove, Steward T. A. Pickett, and Charles L. Redman. "Integrated Approaches to Long – Term Studies of Urban Ecological Systems" [J]. BioScience 50, No. 7 (2000): 571 – 584.

[2] Raj Kumar Singh, Manoj Datta, Arvind Kumar Nema. A Time—Dependent System for Evaluating Groundwater Contamination Hazard Rating of Municipal Solid Waste Dumps [J]. Environmental Modeling & Assessment. Amsterdam: Dec 2010. Vol. 15, Iss. 6: 546 – 549.

[3] Alshuwaikhat H M. Strategic environmental assessment can help solve environmental impact assessment failures in developing countries [J]. Environmental Impact Assessment Review, 2005, 25 (4): 307 – 317.

[4] Jiří Jaromír Klemeš. Waste treatment to improve recycling and minimise environmental impact Resources [C]. Conservation and Recycling Vol. 54, Iss. 5, March 2010: 267 – 270.

[5] Scott Michael Webel "The City of Living Garbage: Improvisational Ecologies of Austin, Texas" [D]. The University of Texas at Austin May 2010: 56 – 64.

第二章　文献述评与理论基础

城市固体废弃物进行有效地处理，最终将导致城市生态系统的崩溃；联合国环境署（UNEP，2009）[①]的研究报告也指出对废弃物进行资源化处理是人类解决环境问题的最终出路之一。

堆肥、焚烧等方式实现城市固体废弃物的无害化处理也是国外学者关注的焦点之一。不同国家（地区）在自然条件、资源禀赋与经济发展水平等方面存在着差异，导致城市固体废弃物在不同的国家和地区的处理水平、处理方式也存在着差异。结合各地具体情况，科学选择处理方式，实现城市固体废弃物的无害化处理，减少其排放的负外部性，也是学者们关注的热门话题，目前已经在实践中广泛采用的方式有填埋、焚烧、堆肥等。简森（L. C. Jansen，2011）[②]使用了生命周期评价对瑞典南部地区家庭厨房垃圾进行了案例研究，选取运输距离、家庭行为等因素作为指标进行实证分析，并对焚烧、堆肥等生活垃圾处理方式进行比较，结果表明：要生活垃圾减量化目标，就需要对垃圾处理各个环节进行系统管理。生活垃圾富含有机物，对生活垃圾进行堆肥处理，能够将生活垃圾变成绿色废料，减少农业生产对传统化肥的依赖，进而使用堆肥的处理方式能够促进农业可持续发展。马来西亚地处热带，常年高温多雨，棕榈是其主要农作物，棕榈加工业是其重要产业之一，辛格（R. P Singh，2010）[③]指出，马来西亚棕榈油企业产生的废弃物，严重污染了马来西亚的生态环

[①] UNEP（2009）Recycling-from e-waste to resources: Sustainable innovation and technology [R]. UNEP transfer industrial sector studies. July. 2009: 256 – 260.

[②] La Cour Jansen. A life cycle approach to the management of household food waste – A Swedish full scale case study [J]. Waste Management; Aug2011, Vol. 31, Iss. 8: 1879 – 1896.

[③] R. P Singh, M Hakimi Ibrahim, Norizan Esa, M S Iliyana. Composting of waste from palm oil mill: A sustainable waste management practice [J]. Reviews in Environmental Science & Biotechnology. Dec 2010. Vol. 9, Iss. 4: 331.

境，由于这些工厂产生的废弃物富含有机物，应该使用高温堆肥的方式来处理这些固体废弃物。加里（Gary，2010）[①] 主张将城市固体废弃物进行资源化处理，将它们用来发电、作为燃料和化工原料等，并对废弃物发电厂的选址和有毒气体控制问题进行了系统研究。哈恩思等（Hunce et al.，2012）[②] 以土耳其的垃圾填埋场为分析对象，研究了垃圾填埋场固化的技术线路，防止渗透，避免对土壤产生污染。

焚烧一度被认为是一种很好的处理生活垃圾的方式，但是焚烧产生的有害气体对环境造成的影响近年来受到了高度重视，主要发达国家在逐步减少这种方式。废弃物处理的实践表明，生活垃圾露天焚烧对环境有着恶劣的影响，不仅造成环境的恶化，还严重影响人们的身体健康。亚历山大等（Alessandra et al.，2012）[③] 通过随机对1181人的问卷调查，研究了意大利人对生活废弃物焚烧与人们患病之间关系的认识，研究结果显示，废弃物焚烧产生的有害气体是影响健康的主要因素。焚烧虽然会产生诸如二噁英等有害气体，但在当前的综合利用技术水平有限的情况下，还是有助于提高废弃物处理水平的。道恩（T. Dorn，2012）[④] 认为：在废弃物焚烧领域，应加强国际间的交流与合

[①] Gary C. Young. John Wiley and Sons, Inc. Municipal Solid Waste to Energy Conversion Processes: Economic, Technical and Renewable Comparisons [J]. Australian Quarterly, 2010, 34 (2): 103 – 105.

[②] Hunce, Selda Yigit. Solidification/stabilization of landfill leachate concentrate using different aggregate materials [J]. Waste Management. Jul2012, Vol. 32 Iss. 7: 1394 – 1400.

[③] Alessandra Sessa, Gabriella Di Giuseppe, Paolo Marinelli. Public concerns and behaviours towards solid waste management in Italy [J]. European Journal of Public Health. Oxford: Dec 2010. Vol. 20, Iss. 6: 631 – 637.

[④] T. Dorn, M. Nelles, S Flamme, C Jinming. e-disposal technology transfer matching requirement clusters for waste disposal facilities in China [J]. Waste Management, 2012 (7): 25 – 29.

第二章 文献述评与理论基础

作，发达国家要帮助发展中国家，如帮助它们援建垃圾焚烧厂等。但是在援建的过程中，会经常面临着技术与人才的困境，要选择合适的企业来承建垃圾焚烧企业，以提高发展中国家的废弃物处理水平。威默（Wiemer, 2004）[1]研究表明，卫生填埋不仅浪费土地资源，事实上是将城市固体废弃物处理负担转嫁给了后代，焚烧的过程还会产生有害气体，清运的过程必须考虑运输距离，以权衡清运生活垃圾的成本。纳拉亚娜（T. Narayana, 2013）[2]比较了堆肥、填埋与焚烧三种处理方式的优缺点及其成本，并指出上述方式的弊端，这些处理方式均不能从根本上改善环境质量，从长期来看还是要寻求城市固体废弃物资源化处理具体的实现路径。

与国外的研究相比，我国学者这方面的研究并没有实质性的突破。王金藻（1992）[3]认为：要保护环境就要开发再生资源，开发再生资源就是要对人类生产和生活过程中产生的废弃物进行资源化处理。刘湘溶、朱翔（2003）[4]认为，废弃物处理产业的发展，有助于建立生态文明，而生态文明是人类社会走向可持续发展的必由之路；刘红林、苗永旺（2009）[5]指出，静脉产业通过减物质化，促进其与动脉产业的协调发展，能够破解资源与环

---

[1] Klaus Wiemer. Development of Domestic Waste Treatment Technology in Germany [J]. Environmental Sanitation Engineering; 2004 (4): 101-116.

[2] T. Narayana. Municipal solid waste management in India: From waste disposal to recovery of resources? [J]. Waste Management Vol. 29, Iss. 3, March 2009, Pages 1163-1166.

[3] 王金藻. 开发利用再生资源与保护环境的关系 [J]. 中国人口·资源与环境, 1992 (3): 71-74.

[4] 刘湘溶, 朱翔. 生态文明：人类可持续发展的必由之路 [M]. 长沙：湖南师范大学出版社, 2003: 77-84.

[5] 刘红林, 苗永旺. 静脉产业与中国经济：基于可持续发展的视角 [J]. 生态经济, 2009 (4): 149-154.

境对经济发展的制约。陈兵红等（2010）[①] 以丽水为案例，分析了静脉产业通过将废弃物转化成再生资源，从而改善了生态环境。城市固体废弃物处理产业的发展不仅具有环境、经济效益，转变了经济发展模式，同时也能够解决城市就业问题（赵领娣，2009）[②]。王军（2010）[③] 等人认为，建立废弃物资源化处理体系有利于我国建立环境友好型与资源节约型社会，促进我国经济发展模式从单程经济走向循环经济。王文铭（2011）[④] 回顾了我国再生资源产业发展的历程变迁，分析了当前我国再生资源产业存在的主要问题，从环境教育、制度建设、回收和对加工企业合理的政策导向等方面提出了构建静脉产业体系，发展循环经济，以改变我国现有的产业结构，转变我国经济发展的模式。赵国党（2011）[⑤] 认为静脉产业是实现循环经济的产业基础，是我国未来产业发展的引擎，发展静脉产业，处理各种废弃物能够解决我国经济发展中面临的资源短缺与环境污染问题，对我国经济结构转变与发展模式的良性变迁、国民经济的可持续发展等方面起到了重要作用。

二、关于城市固体废弃物管理体系的研究

立法、收费、全过程监控、政策管理等手段在实践中广泛使用，

[①] 陈兵红. 再生资源产业促进丽水生态经济发展的对策研究 [J]. 资源与产业，2010（2）：139-144.

[②] 赵领娣，李文政. 中国废弃物处理企业发展与城市就业增加探析 [J]. 经济与管理，2009（7）：55-39.

[③] 王军，史云娣，岳思羽. 发展静脉产业对两型社会建设的重要作用 [J]. 中国发展，2010（12）：6-9.

[④] 王文铭，彭丽娟，李征. 循环经济背景下我国再生资源开发与利用研究 [J]. 生态经济，2011（10）：161-163.

[⑤] 赵国党. 循环经济背景的静脉产业发展：模式转化抑或可持续 [J]. 改革，2011（2）：35-40.

第二章　文献述评与理论基础

以规范城市固体废弃物排放的负外部性，达到废弃物排放的环境损害最小、资源效益最大化。立法管理在实践中对于规范静脉产业参与主体行为，实现废弃物排放的减量化、再使用与再循环，促进静脉产业健康发展有着重要意义。从发达国家静脉产业发展的经验来看，首先发达国家大都建立了一套完备针对废弃物处理的法律体系，这套法律体系的建立与完善大致都走过了首先建立基本法律或者框架法律，其次再建立针对城市固体废弃物处理产业相关的法律，最后是针对具体种类废弃物的专门法律的历程。在城市废弃物处理产业发展的早期，部分国家有关废弃物处理方面的立法是寓于环境方面的立法与管理条例之中的。加娜等（Jana et al.，1993）[1] 介绍了印度对商业企业产生的废弃物与危险废弃物的立法管理。静脉产业发达的日本十分重视立法管理对于静脉产业发展的作用，它们颁布了多部针对具体废弃物的专门法。亚历山德等（Alexandre et al.，2006）[2] 介绍了葡萄牙城市固体废弃物处理产业的发展历程，认为完备的立法对葡萄牙城市固体废弃物的减量化、再利用与再循环起到了重要的推动作用。拉姆兹（Ramzy，2008）[3] 研究了美国电子废弃物立法，分析了立法管理对电子废弃物资源化、减量化的重要推动作用。玛扎蒂（M. Mazzanti，2008）[4] 分别对欧盟

---

[1] Jana L. Walker Kevin Gover Commercial Solid and Hazardous Waste Disposal Projects on Indian Lands [J]. Yale Journal on Regulation, Vol. 10: 229, 1993: 77-89.

[2] Alexandre Magrinho. Filipe Didelet. Viriato Semiao. Municipal solid waste disposal in Portugal [J]. Waste Management. Vol. 26, Iss. 12, 2006: 1477-1489.

[3] Ramzy Kahhat. Junbeum Kim. Exploring e-waste management systems in the United States [J]. Resources, Conservation and Recycling Vol. 52, Iss. 7, May 2008: 955-964.

[4] M. Mazzanti, R Zoboli. Waste generation, waste disposal and policy effectiveness: Evidence on decoupling from the European Union [J]. Resources, Conservation and Recycling, Vol. 52, Iss. 10, August 2008: 1221-1234.

10国和15国的面板数据进行分析，验证了欧盟环境政策指令在废弃物减量化与最终处理中的积极作用。

从源头产生到最终处置进行全过程监控，是减少城市固体废弃物对环境损害的重要措施，也是监控静脉产业主体行为的有效手段。杰弗里（Jeffrey K.，2010）[①]认为：传统的城市固体废弃物回收，处理系统不适应人类社会可持续发展的需要，缺乏长期的考虑，人类必须对城市固体废弃物建立一套全程监控的管理体系，以提高回收的效率和对经济的持久贡献。娜乌萨德等（Naushad et al.，2009）[②]以"3R"原则为指导，论证了从"摇篮到坟墓"对城市固体废弃物进行全过程管理的重要性。在对城市固体废弃物处理进行全过程管理中，学者们特别关注生产者责任制度的建立对于城市固体废弃物减量化的意义。皮艾特等（Pieter et al.，2009）[③]以252个城市为研究对象，采用面板回归的方法，通过对这些城市的生活垃圾处理水平进行研究，结果表明：垃圾回收政策、人口、社会经济环境，以及环境保护实施程度等对生活垃圾回收率有重要影响，生产者延伸责任制度贯彻与实施有助于实现城市固体废弃物排放的减量化，提高处理效率。此外，生命周期评价方法也被广泛应用，来强化生产者责任，并为政府环境管理部门在废弃物立法、制定标准和环境管理决策等方面

---

① Seadon, Jeffrey K. Sustainable waste management systems [J]. Journal of Cleaner Production; Nov2010, Vol. 18, Iss. 16/17: 1639 – 1651.

② Naushad Kollikkathara, Huan Feng, Eric SternA purview of waste management evolution: Special emphasis on USA Review Article [J]. Waste Management, Vol. 29, Iss. 2, February 2009: 974 – 985.

③ Pieter J. H. van Beukering, Heleen Bartelings, Vincent G. M. Linderhof, Frans H. Oosterhuis. Effectiveness of unit-based pricing of waste in the Netherlands: Applying a general equilibrium model [J]. Waste Management, Vol. 29, Iss. 11, November 2009: 2892 – 2901.

第二章 文献述评与理论基础

提供了很好的支持，同时这些工具要与其他政策工具结合使用（费因克博尼，Finkbeiner, M. 2011①；安德鲁等，Andrea et al., 2012②），才能在实现废弃物排放的减量化目标中起到重要作用。

建立完善的政策管理体系，对静脉产业利益相关者进行激励与约束，对于静脉产业的发展和城市固体废弃物排放的减量化目标的实现有着重要作用。1972年，经济合作与发展组织（OECD）通过了废弃物排放的"PPP"原则（污染者付费原则），成为当前国际社会处理城市固体废弃物通用的原则，收费可以增加私人丢弃生活垃圾的成本，对城市固体废弃物减量化目标的实现有着重要作用（威兹，Wertz, K. L., 1976③；米内尔等，Menell, P. et al., 1990④；卡兰等，Callan et al., 1997⑤；弗尔顿，Don Fullerton, 2002⑥）。从西方废弃物收费制度建立与完善的历程来看，在收费制度实行的初期，主要采用固定收费，主要是为了唤起公民的环境意识，然后再逐步过度按量收费。收费具有一定的惩罚性质，只有环境教育的普及和居民环保意识的提升，才能将"不乱丢弃"的行为内化为人们内心深入的一种美

---

① Matthias Finkbeiner. Towards Life Cycle Sustainability Management [J]. Springer Science business Media B. V. 2011：234－246.

② Blengini, Gian Andrea. Participatory approach, acceptability and transparency of waste management LCAs: Case studies of Torino and Cuneo [J]. Waste Management. Sep 2012, Vol. 32, Iss. 9：1712－1721.

③ Wertz, K. L., "Economic factors influencing households' production of refuse" [J]. Journal of Environmental. Econom-icsand Management, 1976（2）：263－272.

④ Menell, P., "Beyond the Throwaway Society: An Incentive Approach to Regulating Municipal Solid Waste" [J]. Ecology Law Quarterly, 1990（17）：655－739.

⑤ Callan, Scott J. and Thomas, Janet M, "The Impact of State and Local Policies on the Recycling Effort" [J]. Eastern Economic Journal, 1997, 23（4）：411－423.

⑥ Don Fullerton, Thomas C. Kinnaman. The economics of household garbage and recycling behavior [M]. Edward Elgar Publishing LTD, MA. USA, 2002：145－152.

· 27 ·

德（考特兰德，K. Kortland，1996①；卡尔拉等，Carla. et al.，2012②）。除了对城市固体废弃物排放进行收费管理外，在消费领域还可以通过押金返还制度、对企业预收处理费用（卡尔克特等，Calcott et al.，③ 2000）、发放绿色证书、鼓励技术创新等办法，以促进城市固体废弃物排放的减量化及处理效率的提升，实现废弃物排放的减量化与无害化的目标（博杰克，Bergek. A，2010）④。实际上，收费、预收处理费用等措施各有利弊（凯仁等，Karen et al.，1997）⑤。克里斯蒂安尼等，（Christine et al.，2011）⑥认为，废弃物管理是政府公共政策的重要组成部分，应利用经济、行政和法律手段来加强对城市固体废弃物的管理，协调不同行政区域之间的利益关系。费因温登等（Finnveden et al.，2012）⑦从城市固体废弃物处理产业的复杂性出发，主张将多种

---

① Koos Kortland. An STS case study about students' decision making on the waste issue [J]. Science Education Vol. 80, Iss. 6, November 1996: 673 - 689.

② Carla Candida de Siqueira Santos1, Rafael da Silva, A critical analysis on waste and environmental education: A case stu-dy [J]. Educational Research, Vol. 3 (11), No. 2012: 851 - 859.

③ Calcott, Paul, andWalls, Margaret. Can downstream waste disposalpolicies encourage upstream "design for environment?" [J]. American Economic Review: Papers and Proceedings, 2000, 90: 233 - 237.

④ Bergek, A. and Jacobsson, S. (2010) "Are tradable green certificates a cost efficient policy driving technical change or a rent-generating machine? Lessons from Sweden 2003 - 2008" [J]. Energy Policy, Vol. 38, No. 3: 1255 - 1271.

⑤ Karen Palmer, Hilary Sigman, Margaret Walls. The Cost of Reducing Municipal Solid Waste [J]. Journal of Environmental Economics and Management Vol. 33, Iss. 2, June 1997: 128 - 150.

⑥ Christine Longo. Jeffrey Wagner. Bridging legal and economic perspectives on interstate municipal solid waste disposal in the US [J]. Waste Management, Vol. 31, Iss. 1, January 2011: 147 - 153.

⑦ Finnveden, G. Bisaillon, M. (2012) "Developing and evaluating new policy instruments forsustainable waste management" [J]. Int. J. Environment and Sustainable Development, Vol. 11, No. 1: 19 - 31.

政策工具配合使用,才能实现对城市固体废弃物的有效管理。赛托斯(Satoshi. H,2013)[①]还指出城市固体废弃物产业发展中,发达国家帮助发展中国家,加强国际合作管理,促成国际社会共同治理的重要性。

在我国城市固体废弃物处理产业发展中要加快立法建设,从而引导静脉产业及生态工业规范化发展,使废弃物处理产业的发展有法可依,改变目前废弃物处理产业无序发展的状况(解振华,2005[②])。我国部分学者主张借鉴国外的立法、环境教育、废弃物回收政策体系建设等方面的经验来提高我国城市固体废弃物管理水平,以促进我国静脉产业的健康发展,他们选取不同的国家和地区,按照静脉产业运行的内在规律和特点,并结合我国静脉产业发展的实践,提出了诸如环境教育、政策设计、管理体系完善等一系列基于中国国情的静脉产业发展方案(苗建青,2005[③];秦海旭,2007[④];张科静;2009[⑤];王崇梅,2011[⑥])。也有学者认为,我国城市固体废弃物管理体系不完善是造成城市固体废弃物处理产业发展缓慢的主要原因之一。王亦楠(2010)[⑦]以我

[①] Honma, Satoshi Optimal policies for international recycling between developed and developing [J]. http://mpra.ub.unimuenchen.de/43703.

[②] 解振华. 领导干部循环经济知识读本 [M]. 第1版. 北京:中国环境科学出版社,2005:84-95.

[③] 苗建青. 论循环经济的效率问题——日本废弃物回收政策研究 [J]. 外国经济与管理,2005(12):52.

[④] 秦海旭,万玉秋,夏远芬. 德日静脉产业发展经验及对中国的借鉴 [J]. 环境科学与管理,2007(6):149-153.

[⑤] 张科静. 国外电子废弃物再生资源化运作体系及对我国的启示 [J]. 中国人口·资源与环境,2009(2):109-115.

[⑥] 王崇梅. 以静脉产业为主导的日本生态工业园循环经济模式研究 [J]. 科技进步与对策,2010(2):10-14.

[⑦] 王亦楠. 我国大城市生活垃圾焚烧发电现状及发展研究 [J]. 宏观经济研究,2010(10):12-16.

国北京、上海、天津等大城市为样本,研究了我国利用城市固体废弃物发电存在的问题,并指出我国城市固体废弃物资源化处理不力是政府监管水平、监管力度和监管决心不够,因此在参考借鉴国外静脉产业发展经验的基础上还需要积极探索适合我国静脉产业发展现状、城市固体废弃物处理特点和我国产业结构现状的中国城市固体废弃物管理模式。由于静脉产业的许多行业在中国具有垄断特征(戚聿东,2011)[①],企业进入不足,是我国静脉产业发展滞后的主要原因之一,因此应建立相应完善的政策体系,引导企业进入静脉产业领域,参与城市固体废弃物处理,有利于我国静脉产业的发展(王培暄,2011)[②],同时要为企业进入城市固体废弃物处理产业提供补贴等优惠条件(梁礼广,2012)[③],卢现祥、王宇(2012)[④]从国外低碳产业发展经验入手,分析了优惠的财税政策对于城市固体废弃物处理产业发展的促进作用,除了激励企业进入静脉产业领域以外,还要对废弃物处理企业进行约束。建立生命周期评价方法、延伸生产者责任制度(廖传惠,2005)[⑤]、收取预收处理费用等政策也得到国内学者们的广泛认可。

---

① 戚聿东. 中国垄断行业改革报告(垃圾行业处理行业改革报告,第15章) [M]. 北京:经济管理出版社,2011:224-228.

② 王培暄. 我国现阶段再生资源产业管理中的问题及对策 [J]. 广西社会科学,2011(3):62-64.

③ 梁礼广,桂诗瑞. 静脉产业BOT融资模式的动态博弈探析 [J]. 资源与产业,2012,14(5):153-159.

④ 卢现祥,王宇. 论国外发展低碳经济的财税政策支持体系 [J]. 经济与管理评论,2012(2):13-17.

⑤ 廖传惠. 延伸制造者责任制度及对我国固体废弃物处理的启示 [J]. 江苏商论,2005(12):125-129.

三、关于城市固体废弃物处理产业链运行体系的研究

废弃物回收是静脉产业链运行的起点,要促进静脉产业的发展水平,首先要提高废弃物回收效率。发达国家在促进静脉产业发展过程中,十分重视废弃物回收系统的建立,如德国的"双元回收"系统(DSD),被认为是十分有效率的回收模式。国外学者在回收形式、模式、运行效率等方面,从产业链运行的视角对废弃物回收体系展开了研究。弗雷斯切曼等(Fleischmann et al., 2001)提出通过企业自建或委托第三方等方式建立回收系统,发展逆向物流,能够提高回收效率,增加静脉产业链各环节之间的联系。罗本(Robin R. Jenkins, 1993)选取了14个城市作为样本,对按量收费在垃圾减量化的作用进行分析,结果表明,当对废弃物排放收费达到一定水平时,收费就失去了对垃圾减量化的作用。而促进垃圾减量化的实现的重要依托则是分类收集与回收网络的完善。从国外废弃物回收的发展历程看,多数国家都经历了从混合回收到分类回收的转变,部分学者对分类回收进行了研究,认为人们的分类习惯、环境保护意识及政府的相关政策是促进分类水平提升的主要影响因素,垃圾分类在提高回收效率、资源化处理率与改善环境质量等方面有着重要作用。莫内托雷(V. Mentore, 2013)[①]回顾了波斯尼亚和黑塞哥维那废弃物回收的发展历程,证明了分类回收比混合回收更有效率,对于废弃物处理企业收益的提高与环境的改善的作用更为明显。费拉拉

[①] Vaccari, Mentore; Bella, Veronica Di; Vitali, Francesco; Collivignarelli, Carlo. From mixed to separate collection of solid waste: Benefits for the town of Zavidovići (Bosnia and Herzegovina) [J]. Waste Management. Feb 2013, Vol. 33, Iss. 2: 277-286.

(Ferrara, Ida, 2011)① 研究了收集频率与非法倾倒次数之间的关系，研究结果表明：非法倾倒的次数与收集频率之间具有较为明显的负相关关系。而收集频率的提高，必然增长回收者的成本支出，从整个社会福利的角度来看，每周收集一次的经济性与效率都是比较理想的（威廉姆斯，Williams, I. D, 2013)②。回收点的位置与回收系统对于回收效率有着很大的影响，特里奥加等（Teerioja, et al., 2012）③ 介绍了流动的充气气垫（pneumatic）回收与"挨门挨户"（door-to-door）回收系统的优缺点，认为在城市人口密集的区域可以用流动充气气垫作为回收工具，而在人口密度相对较小的地方适合采用"挨门挨户回收"的方式。

在提高静脉产业链运行效率，促进废弃物处理水平提升的过程中，有些学者还主张形成多元主体参与的格局，尤其是发挥政府与企业之外的第三方力量得到了重视。杰克博森等（Jacobsen R. et al., 2013）④ 通过比较政府搜集、处理城市固体废弃物的成本与私人企业处理的成本比较，认为企业收集比政府收集成本更低、效率更高。克威赖克（Corvellec H., 2012）⑤ 的研究表明，

---

① Ferrara, Ida. Illegal Disposal and Waste Collection Frequency [J]. Pacific Economic Review, May 2011, Vol. 16, Iss. 2: 255 – 266.
② Williams, I. D.; Cole, C. The impact of alternate weekly collections on waste arisings [J]. Science of the Total Environment. Feb2013, Vol. 445 – 446: 9 – 40.
③ Teerioja, Nea; Moliis, Katja; Kuvaja, Eveliina; Ollikainen, Markku; Punkkinen, Henna; Merta, Elina. Pneumatic vs. door-to-door waste collection systems in existing urban areas: A comparison of economic performance [J]. Waste Management. Oct2012, Vol. 32, Iss. 10: 1782 – 1791.
④ Jacobsen R. Cost comparison between private and public collection of residual household waste: Multiple case studies in the Flemish region of Belgium [J]. Waste Management Vol. 33, Iss. 1, January 2013: 3 – 11.
⑤ Corvellec, Hervé; Bramryd, Torleif. The multiple market-exposure of waste management companies: A case study of two Swedish municipally owned companies [J]. Waste Management, Sep 2012, Vol. 32, Iss. 9: 1722 – 1727.

政治市场、商业市场、再生资源市场和技术市场,共同决定国有城市固体废弃物处理产业的发展水平,要从上述几个方面为国有城市废弃物处理产业的发展提供条件,同时鼓励私人企业的参与。在政府与企业之外的第三部门,如行业协会(道加尔,McDougall,2007)[①]、社区(穆拉德等,Murad et al.,2005)[②]、非正式组织(戴维德等,David. C et al.,2006)[③]等主体在环境教育的宣传、非法丢弃的监督、举报,沟通企业与政府之间的联系,行业自律、行业数据的调研、整理与发布等方面能够发挥重要作用,不仅能够提高公民环保意识,促进废弃物的源头分类,提高回收效率,对整个产业链的有序运行与行业快速发展都有重要作用。

我国学者对静脉产业链体系进行了研究。章和杰等(2007)将再生资源回收利用体系分为相互关联的三大系统:即社会化的再生资源回收系统,社会化的再生资源拆解及加工利用系统,社会化的废物无害化处置系统。秦海旭等(2007)把城市静脉产业体系分为硬件系统和软件系统两大部分进行了研究。张伟伟等(2010)学者认为:要提高我国废弃物处理水平,需要建立再生资源回收体系、城乡生活垃圾综合利用体系、工业固体废弃物综

[①] McDougall, F. R., White, P. R., Franke, M. and Hindle, P. (eds) Front matter, in Integrated Solid Waste Management: A Life Cycle Inventory [M]. Second Edition, Blackwell Publishing Company, Oxford, UK. 2007: 324 – 336.

[②] Murad, Wahid, Siwar, Chamhuri. Factors Influencing Environmental Behavior of the Urban Poor Concerning Solid Waste Management [J]. Journal of Environmental Systems; 2004 – 2005, Vol. 31, Iss. 3: 257 – 277.

[③] David C. Wilson Costas Velis, Chris Cheeseman. Role of informal sector recycling in waste management in developing countries [J]. Habitat International, Vol. 30, Iss. 4, December 2006: 797 – 808.

合利用体系、农业废弃物综合利用体系等多个处理体系。聂永有（2005）[①]将静脉产业链分为收运、再生处理、最终处置与再生资源销售四个阶段，并主张在收运阶段就要对废弃物进行分类处理，不同类别的废弃物选择不同的处理方式，产业链运行的不同环节与不同的处理方式政府应给予差别化的政策支持（张继承，2011）[②]。静脉产业体系下的废弃物回收环节的研究也得到了国内学者的关注，主要沿着废弃物处理效率提升，回收网络体系优化回收点的选址，基于废弃物处理产业链运行的回收组织化等角度展开研究。卞亦文、孙向阳、李尚昱（2012）[③]，使用数据包络分析（DEA）对废弃物回收效率从回收成本、回收点的选址等方面探讨了废弃物回收效率提升的路径。姚凌兰、贺文智、李光明等（2012）[④]指出，分散的个体回收者是"二次污染"的主要来源，要加强对他们的管理，改变回收环节无序低效状况。任一鑫（2009）[⑤]将静脉产业体系按照产业链运行的环节分为资源回收产业、拆解产业、分类处理产业、再制造产业、再利用产业、物流产业等9个组成部分，要发展循环经济，就要将上述9个方面连接成互相作用的整体，形成体系。

[①] 聂永有. 循环经济条件下的静脉产业发展探索 [J]. 南方经济, 2005 (12): 94-98.
[②] 张继承. 基于环境经济效益分析的再生资源产业政策选择 [J]. 生态经济, 2011 (9): 106-111.
[③] 卞亦文, 孙向阳, 李尚昱. 基于DEA的电子废弃物回收点选址 [J]. 工业工程与管理, 2012 (5): 29-34.
[④] 姚凌兰, 贺文智, 李光明, 等. 我国电子废弃物回收管理发展现状 [J]. 环境科学与技术, 2012, 35 (61): 410-414.
[⑤] 任一鑫, 韩港, 曾丽君. 基于循环经济的静脉产业体系构建分析 [J]. 工业技术经济, 2009 (5): 23-28.

四、对目前研究的评价

从国内外关于城市固体废弃物的研究成果来看,学者们在以下几个方面基本达成了共识:

(1) 发展静脉产业是人类社会的必然选择。静脉产业能够实现城市固体废弃物资源化处理,发展静脉产业是缓解人类社会面临的资源与环境压力的重要解决措施。着眼于人类社会可持续发展的需要和资源对经济发展的永续支撑,发展静脉产业,处理城市固体废弃物,实现经济发展模式转变,转变目前产业结构对资源与环境的高度依赖,是实现可持续发展的内在要求,也是人类社会解决资源与环境问题的必然选择。

(2) 静脉产业的发展需要政府激励与约束。静脉产业泛指一切废弃物处理过程与结果,具有环境、经济与社会效益。从环境的视角看,静脉产业具有公益性,处理城市固体废弃物理应由政府向社会提供公共产品;而从经济效益的角度看,该产业是21世纪前途广阔的产业,对投资者有着巨大的吸引力;从产业自身的特点看,废弃物资源化处理往往与专用设备投入相联系,前期投入成本高,一旦无法成功,高昂的沉没成本使得许多投资者对该行业望而却步。因此,发展静脉产业需要政府的激励,给予投资者各种优惠政策和各类补贴等。

同时,废弃物排放外部性的存在,企业个体利益最大化与社会福利最优在实践中很难同时自动实现,往往是个体利益实现以更大社会福利损失为代价。实践中,出现了城市固体废弃物处理企业带来的"二次污染"问题正在损害着本已十分脆弱的生态环境,正是这种情况的体现。加上静脉产业在我国也刚刚起步,行业的管理、技术标准、立法等方面还不完备。因此，需要对静脉产业主体的行为进行约束，促使该产业内的企业与个人能够将自身经济利益同社会利益、环境利益有机结合。

总之，目前对静脉产业的研究大多是基于环境、经济与资源的视角，强调政府管理、鼓励企业参与，以市场化、产业化为导向，主张形成政企合作的模式，注重从源头控制废弃物排放的数量，提升废弃物处理产业链运行的效率，无疑为静脉产业的发展提供了更多的理论支持，在实践中也产生了积极效果。然而，目前研究还存在着诸多的薄弱环节，虽然有些学者从不同的视角对构建我国静脉产业体系进行了研究，但目前在该领域的研究还缺乏系统性，构建的不同的静脉产业体系之间还缺乏应有的关联性，体系内部的关系在理论上还需要进一步理顺，体系之间的协调运行机制也需要进行深入研究。本书打算在对静脉产业主体行为进行微观分析的基础上，从静脉产业链自身（纵向）、静脉产业在城市的布局（空间）等方面构建我国静脉产业体系，并在总结发达国家静脉产业体系建构的经验基础上，从政策、管理、法律等方面论述我国我国静脉产业体系构建的路径，具有一定研究价值和广阔的研究空间。

第二节　理 论 基 础

本书以城市固体废弃物处理产业为例，研究我国静脉产业促进体系建构问题是建立在雄厚的理论基础之上的，这些理论包括可持续发展理论、循环经济理论与规制经济理论等。

第二章 文献述评与理论基础

一、可持续发展理论

工业革命以来,工业文明促进了人类社会生产力的巨大飞跃,给人类带来了丰富的物质财富,生产力飞速发展的过程中,伴随着资源的巨大消耗。相关的资料显示:按照目前的能源和资源消耗速度,已探明的石油储量将于 2010~2035 年耗掉 80%;而天然气只能再用 40~80 年,煤可再用 200~300 年[1]。资源稀缺与环境有限的承载力构成了人类社会发展的制约条件。同时,废弃物产生量也在以前所未有的速度增长,这些废弃物对于现代社会既是一种资源也是一种负担,"废弃物是放错地方的资源",通过资源化处理,产生再生资源,并能取代原生资源;反之,将会带来了环境污染,对生态系统造成毁灭性的破坏。

现代意义上的可持续发展理论可以追溯到 1962 年美国海洋生态学家蕾切尔·卡逊(Richel Carson)出版的《寂静的春天》一书[2]。该书揭示了人类社会的发展要与环境相协调,卡逊在这部著作中描写了由于农药、杀虫剂等化学药品的使用,造成了鸟类和鱼类的绝迹,在杀死某类害虫的同时,也会杀死有益的昆虫,并促进昆虫向更高级阶段进化,从而又不得不使用更有毒性的化学药品,这种循环往复的过程,使得所有的生命都受害。然而,卡逊的观点在当时"征服自然,向自然宣战"的时代背景下,并没有引起人们的广泛重视,反而由于其主张损害了化学工

---

[1] 陈杨梅. 我们只有一个地球——节能和低碳生活方式 [M]. 上海:上海科学普及出版社,2011:10-11.

[2] Carson, Rachel. Silent Spring [M]. 2d ed. Boston and New York: Houghton Mifflin Company, 1994: 11-15.

业集团的利益，遭到了围攻和谩骂。1968年，罗马俱乐部开始用全球眼光审视人类所面临的资源、环境、人口、经济发展、文化等一系列问题，指出人类如果按照现在的人口和经济增长以及资源消耗、环境污染趋势继续发展下去，那么我们这个星球或迟或早会达到其极限以至崩溃。并先后有《增长的极限》《人类处在转折点》《重建国际秩序》《未来的一百年》等一大批成果问世，对唤起世界环保意识有极大地启蒙作用。1972年，联合国在斯德哥尔摩召开了《人类环境会议》，这次会议明确指出人类必须保护自然环境，并将经济发展与环境保护相结合。会议期间，在一篇名为《只有一个地球》的报告中曾提到，"从某种意义上说，地球不是我们从父辈那里继承来的，而是从子孙后代那里借用的。"1980年由国际自然及自然资源保护联盟（IUCN）提出了要把环境保护与经济发展很好地结合起来，在发展经济满足人类需要和改善人类生活质量的同时，要合理利用生物圈，使之既能满足当代人的利益，又能使其保持潜力以满足后代的持久需求，该思想成为可持续发展概念形成的基础。1981年美国科学家莱斯特·布朗（Lester Brown）指出："我们不是从前辈手中继承地球，而是向子孙后代预支地球"，并出版了《大地的压力》等蕴涵可持续发展思想的著作；1987年，以布伦特兰夫人为主席的世界环境与发展委员会（WCED）提交的著名报告《我们共同的未来》，正式提出了可持续发展战略思想；1992年联合国环境与发展大会在巴西里约热内卢召开，会议通过和签署了《里约热内卢环境与发展宣言》《21世纪议程》。这次会议被认为是人类发展模式从"不可持续性"向可持续发展模式转变的重要里程碑。1996年，联合国粮农组织在罗马世界粮食首脑会议上，提出了发展中国家可持续农业的技术要点；2002年，在约翰内斯堡召开了可持续发展峰会。至此，可持续发展问题得到了世界各国政府的广泛支持，并逐步深入人心。

可持续发展理论形成与在世界范围内的广泛传播，深刻影响着人类社会的发展战略，是发展与可持续的有机统一，两者相辅相成，互为因果。放弃发展，则无可持续可言，只顾发展而不考虑可持续，长远发展将丧失根基。可持续发展战略追求的是近期目标与长远目标、近期利益与长远利益的最佳结合，经济、社会、人口、资源、环境的全面协调发展。走可持续发展之路，意味着社会的整体变革，包括社会、经济、人口、资源、环境等诸领域在内的变革。

可持续发展理论是在人类社会工业文明发展到一定阶段，生态系统失去了自净能力，资源对经济发展的"瓶颈"约束逐步凸显的背景下产生的。其基本内容包括生态可持续、经济可持续与社会可持续三个方面，与废弃物处理有着紧密的联系。

可持续发展要求人类社会在满足当代人对物质、能量需求的同时，要兼顾后代人的利益，社会经济的发展要与环境保护与资源节约相协调，如图 2-1 所示。

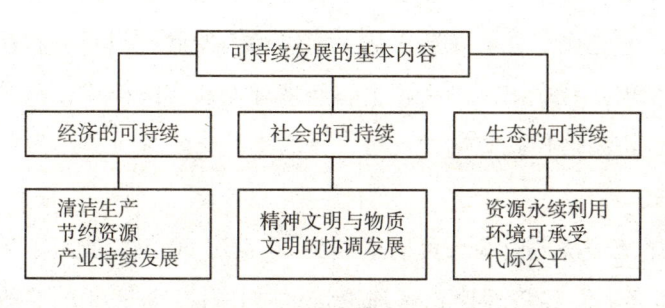

```
            可持续发展的基本内容
    ┌───────────┼───────────┐
  经济的可持续   社会的可持续   生态的可持续
    │           │           │
  清洁生产    精神文明与物质   资源永续利用
  节约资源    文明的协调发展   环境可承受
  产业持续发展                代际公平
```

图 2-1　可持续发展的基本内容

可持续发展是一项经济和社会发展的长期战略。首先，可持续发展以资源的可持续利用和良好的生态环境为基础；其次，可持续发展以经济可持续发展为前提；最后，可持续发展问题的中心是人，以谋求社会的全面进步。

从环境可持续发展的角度，废弃物无害化处理是实现生态保护的重要手段。由于当前的技术水平有限，有些废弃物还无法完全通过资源化处理的方式，产生再生资源，投入到产业系统中来取代原生资源。所以，对于此类废弃物，目前仅能按照环境损害最小的原则进行无害化处理。

二、循环经济理论

循环经济（Circular Economy）是在可持续发展理论不断传播的过程中应运而生的，虽谓之循环经济，实则不是"经济"的概念，而是一个生态的理论。循环经济是针对人类社会线性发展的模式（资源—产品—废弃物）的不可持续性，提出的"资源—产品—废弃物—再生资源"的闭环型发展模式，是以减量化（Reduce）、再使用（Reuse）及再循环（Recycle）的"3R"原则为指导，以实现在经济发展中实现环境保护和资源节约等多重目标。它是国际社会在追求从工业可持续发展、到经济和社会可持续发展过程中出现的一种生态经济理论和实践模式，是对传统线性经济发展模式弊端的反思，是人类社会实现可持续发展的必然模式。

循环经济理论源头可以追溯到20世纪60年代波尔丁提出的"宇宙飞船"经济理论，该理论将地球比作宇宙飞船的船舱，将人类比作飞船里的宇航员，以此来分析经济发展与废弃物处理的关系，在发展经济的同时，要对废弃物进行处理，否则地球将不

第二章 文献述评与理论基础

堪重负。1972年,米尔斯指出人类社会的粮食生产、人口发展、资源消耗、工业生产、环境污染等增长存在着一个极限;巴里·康芒纳提出封闭循环的思路,在人类的生产技术方式上,建立一种封闭机制,从而减少人类物质财富生产对自然系统的污染和破坏。坂本滕良抨击了传统线性经济,指出发展循环经济的最终途径。皮尔斯(1990)[①]、提出了回圈经济(Circle Economy)概念,标志着循环经济理论的形成。近年来,西方学者在该领域的研究转向某类废弃物资源化处理体系建设对循环经济发展的促进作用。如凯威(K. Kawai,2012)[②] 以水泥行业为例,论证了废弃物资源化处理体系的建立对于节约资源与保护环境的积极作用,有助于经济发展模式的转变,实现从单程经济模式走向循环经济模式。黎初悌娜(T. F. Lichutina,2012)[③] 以俄罗斯西北部部分城市的再生废纸行业为例,说明了废弃物资源化处理体系的建立,能够提高纸业的供给水平,提高木材等资源的循环再利用。

我国学者在传播国外循环经济理念的同时,结合我国废弃物处理现状,对废弃物处理产业的体系构建,在促进我国循环经济模式作用机理等方面进行了深入研究。着眼于资源与环境、经济的关系,比较国内外经济发展模式,人类社会的发展模式主要有三种:第一种是传统经济模式,是"资源—产品—污染排放"的单向流动的开环式无循环的经济增长模式;第二种是"生产过程

---

① D. W. Pearce, R. K. Turner. Economics of Natural Resources and The Environment [M]. Baltimore: The Johns Hopkins University Press, 1990: 423 – 430.

② Kosuke Kawai, Masahiro Osako. Reduction of natural resource consumption in cement production in Japan by waste utilization [J]. Journal of Material Cycles and Waste Management, June 2012, Vol. 14, Iss. 2: 94 – 101.

③ T. F. Lichutina, K. G. Bogolitsyn, M. A. Gusakova. Environmental performance assessment for pulp and paper enterprises: Promising waste utilization options [J]. Russian Journal of General Chemistry, May 2012, Vol. 82, Iss. 5: 1040 – 1047.

末端治理模式",虽然在该阶段,人类社会开始注意环境问题,但往往是"先污染,后治理";第三种是遵循"减量化、再使用、再循环"原则的循环经济模式(冯之俊,2004)[①]。我国循环经济的开创者曲格平(2002)[②]指出:"循环经济,就是把清洁生产和废弃物的综合利用融为一体的经济,本质上是一种生态经济,要求运用生态学规律来指导人类社会的经济活动,按照自然生态系统物质循环和能量流动规律重构经济系统,使得经济系统和谐地纳入自然生态系统的物质循环过程中,建立起一种新形态的经济"。钱易(2010)[③]认为:循环经济也称为物质闭环经济(material close economy)或生命周期经济(life cycle economy)。循环经济提倡经济应该构建在物质循环利用的基础上,传统的"资源—产品—废弃物"的线性流动的发展模式应该被新的"资源—产品—再生资源"循环流动的发展模式所代替。徐嵩龄(2004)[④]认为循环经济的概念,更新了环境在经济中的位置,由一个外部性因素、制约因素,变为经济健康发展的内在要素、促进因素,应是我国未来经济发展战略的恰当模式。左铁镛(2004)[⑤]认为:要实现科学的、可持续发展,坚持经济发展与环境效益兼容的原则,就要发展循环经济,也就是要对废弃物进

[①] 冯之俊. 树立科学发展观,促进循环经济发展 [J]. 上海大学学报(社科版),2004(5): 45-51.

[②] 曲格平. 发展循环经济是21世纪的大趋势 [J]. 当代生态农业,2002(1): 18-20.

[③] 钱易,唐孝炎. 环境保护与可持续发展(第2版)[M]. 北京:高等教育出版社,2010: 320-335.

[④] 徐嵩龄. 为循环经济定位 [J]. 产业经济研究,2004(6): 60-64.

[⑤] 左铁镛. 树立科学发展观,发展回圈经济,推进回圈型社会建设 [A]. 全国技术经济与创新暨企业技术创新与管理学术研讨会论文集 [C]. 北京:清华大学出版社,2004: 15-26.

行产业化处理。李赶顺（2007）[①]则是从环境保护角度来界定循环经济，他认为循环经济表现为污染的"低排放"甚至"零排放"，是把清洁生产、资源综合利用、生态设计和可持续消费融为一体的经济活动。徐匡迪提出"4R"原则：减量化、再利用、再循环、再制造。吴季松（2006）[②]在循环经济"3R"原则基础上，提出人类社会发展的"5R"原则，指出人类社会要实现可持续发展，不仅要减少废弃物排放，对废弃物实现资源化、无害化处理，还要重新审视人类现有的发展模式，修复已经被人类破坏的环境系统。卢黎霞（2011）[③]以农业废弃物为研究对象，认为发展农村循环经济，处理农村固体废弃物，是农村实现循环经济的主要出路。

从循环经济形成和发展来看，其与静脉产业在目标、手段上具有一致性。从目标上来看，两者均以"3R"原则为指导，坚持让废弃物实现循环利用；从两者的手段上来看，循环经济通过物质闭环流动，让废弃物产生再生资源，从而为经济系统提供资源支持，这与静脉产业通过对城市固体废弃物进行回收再利用在手段上具有一致性。

三、产业规制理论

城市固体废弃物排放具有外部性特征，如不能对废弃物排放

[①] 李赶顺. 中国经济发展战略与循环经济 [M]. 北京：中国环境科学出版社，2007：97 - 102.

[②] 吴季松. 循环经济的由来与内涵 [J]. 新科技术语研究，2006（1）：51 - 56.

[③] 卢黎霞，杨樱. 循环经济视角下的农业废弃物资源化 [J]. 农村经济，2011（10）：89 - 93.

进行有效管理，则会让社会在废弃物排放中付出高昂的代价。城市固体废弃物成分复杂，在现有的技术水平下，对于企业与个人而言，不同的废弃物处理的成本与收益也有着很大的差异。从社会公益性的角度来看，废弃物处理应该是政府提供给社会的准公共产品，而政府集中处理在实践中并不总是有效率的，而将企业引入废弃物处理产业中，需要对企业进行激励与约束，以实现废弃物资源化处理，提高静脉产业发展水平。

规制是指政府根据一定的法规对于市场活动所做的限制或制约。西方经济学早在20世纪30年代就有学者对规制经济理论做了先驱性的研究，1970年，卡恩《规制经济学》著作的出版，标志着规制经济学作为一门学科的诞生，同时期，施蒂格勒的《经济规制论》（1971）、佩尔兹曼的《走向一般的规制理论》（1976）、贝尔的《法规性制约的经济理论》（1973）、植草益的《微观规制经济学》（1992）等论著分别对规制经济学产生的依据、法律和规制过程等理论问题进行了深入的研究。为什么要对经济活动进行规制，规制的理论依据是什么，西方学者形成了诸如公共利益论与规制俘获论、规制需求论（施蒂格勒，1971）[①]、规制博弈理论（李立威，1980）等代表性理论。

早期的规制理论，主要分为公共利益论与规制俘获论。前者认为政府规制是对市场失灵的反应，政府根据公共利益的需要，通过规制来改善扭曲的市场机制，以提高资源配置效率和社会福利。规制俘获论是以所有相关利益各方都是纯粹的经济人、具有理性预期、规制是不需要成本为假设前提的，上述假设过于苛刻

---

① Stigler, G. J, "The theory of economic regulation" [J]. Bell Journal of Economics and Management Science, 1971 (2): 3 – 21.

和理想化，所以规制俘获论从本质上说是一种极端的论断，它认为促使政府进行规制的仅仅代表社会的某一特殊利益集团，规制整个过程最终将变成为被规制产业服务，规制者被规制者所俘获，政府规制与其说是为社会公共利益服务，不如说是某些特殊利益集团寻租的结果，该理论增强了反政府的倾向，西方国家放松规制运动，不能说与该理论无关，这一理论同时为科学地制定和实施规制政策敲响了警钟，因为政府规制过程中确实存在者寻租与创租的情形。实践证明，公共利益论与规制俘获论都不全面，过于片面化，从而出现了其他一些规制理论。

施蒂格勒（1971）提出了规制需求论，他认为规制的存在是社会对规制有需求和供给，在这种是否规制的经济中，各个利益集团要求政府做出有利于自己的规制，被规制企业与消费者争夺会对政府产生影响。佩尔兹曼对施蒂格勒的规制需求论进行了发展，他认为：规制的实质是将垄断利润的最终归属的决定权授予政府规制当局，受规制者往往能够对规制结果做出较为准确的预测，致使一个理性的产业显然会花光所有的垄断利润，而只保留政府认可的利润，规制发生的变化不是价格、产量，而是收入在不同利益集团之间的分配，其理论的重要意义是给出了最优规制政策是以立法或规制机构为中介，消费者和厂商利益调和的结果。

部分学者从博弈论的角度看待规制，认为规制的产生是一个增值的博弈。具有强制性的政府能够逼迫各方合作，监督合同的履行，政府具有特殊法律权利和税收手段，可以运用很小的成本促使这个联盟的形成。这样，在这个决策中，消费者和垄断厂商都因价格降低得到了好处，厂商由于政府规制带来了保护专利，避免了恶性竞争，远比价格降低带来的损失小。这一理论意味着由政府来监督私营法人之间的合同的执行给它们带来更多的成本节约，从而形成了多方增值博弈。

逆向选择造成的效率损失和市场失灵成为政府干预经济的重要理由，西方学者对此研究较为深入，他们借鉴其他学科的相关理论，对逆向选择条件下的政府规制问题从不同的角度进行了透视。

最先提出一种解决规制中的信息不对称是由赖博和马加特提出的机制设计理论，在他们的研究中，赋予企业获得全部剩余索取权而使企业自动按边际成本定价。而巴罗恩和米尔松的机制所给予企业的补贴则不是全部消费者剩余，而是与规制者掌握的企业的成本信息有关。在这之后，激励理论更多的关注规制过程中的逆向选择。在拉丰和蒂诺尔等人的理论中，L－M机制和B－M机制中的补贴变成了信息租金。面对信息不对称，规制合同面临着提高合同的激励强度与降低信息租金之间的权衡，而规制者可以通过提供一个合同菜单让企业自己选择而识别企业的类型。

激励理论则是立足于规制双方所掌握的信息的非对称性，通过设计诱使企业说真话的合同，克服了传统规制中的逆向选择及低效率问题，核心的问题是对信息租金和激励强度的权衡问题。在完全信息条件下，理想的规制政策包括线性的或非线性的边际成本定价及拉姆齐定价，当然在边际成本定价下的补贴会受到多方面的批评。

规制合同论实际上是一个多重委托代理合同，从纵向看，存在着公众、议会、规制者、被规制企业之间的多重委托代理链条；从横向看，存在着两个或两个以上的规制者共享对某一企业或行业的规制权的情形。在这两种情形中，由于信息不对称，都存在着代理人的道德风险，因而在制定规制政策时必须考虑这一问题。

对静脉产业体系进行规制,是由废弃物本身和该体系的特点所决定的。废弃物本身具有很强的负外部性,废弃物来源的分散性与产业化处理的集中性之间存在着较高的成本。以生活垃圾为例,其产生与社会生活中的每个人都息息相关,而生活垃圾的排放又存在着许多可以替代的路径:如将生活垃圾中的相对较为容易资源化的部分(废纸、废木材、非金属等)分拣出来,卖给"收废品"的;进行袋装化排放到政府指定的垃圾桶(槽、池);随意丢弃到自然界等不同的途径,除了需要建立完善我国的环境教育体系,提高国民素质以外,还需要对个人排放路径进行规制,辅之以收费、罚款等手段,以减少外部性行为的发生。静脉产业体系参与主体广泛,产业链环节众多,如何将目标不同的经济主体与产业链不同环节、不同布局层次有机协调起来,实现城市固体废弃物的无害化、资源化与减量化处理,离不开政府的规制。

四、其他相关理论

除了上述理论以外,本书构建静脉产业体系的理论依据还有分工与专业化理论、聚集经济理论、产业共生理论等。

分工引起专业化是古典经济学派代表人物亚当·斯密的重要观点,为后人在诸多领域的研究提供了理论依据,阿伦·杨格、杨小凯等人发展了斯密的理论。分工引起专业化的协作,进而引起效率的提升和各分工主体福利的改进。

本书构建的静脉产业体系包括了产业链运行体系,为了研究问题的需要,笔者将产业链分成回收、中间处理与最终处理等环节，各个环节需要在分工的原则下，提高专业化水平，同时要相互协作，提高产业链运行的效率和城市固体废弃物处理的效益。

所谓集聚经济，指的是生产活动中存在的规模报酬递增现象。这种现象分为内部集聚经济、外部聚集经济和行业集聚经济三种形式。第一种是内部聚集经济来自产业内部，外部集聚经济来自产业外部，同一行业厂商的集聚能够带来专业化劳动力市场共享、专业化中间投入品市场和知识溢出的外部性；第二种是雅格布斯的多样化外部性，即认为不同行业厂商的集聚有助于企业获得不同专业背景的劳动力、享用低廉的公用基础设施，以及跨行业的知识溢出等；第三种是竞争外部性，同一行业企业聚集在一起所产生的激烈竞争是企业持续创新的动力。

集聚经济理论对静脉产业空间布局有着重要的启示。城市固体废弃物资源化处理往往对处理设施和处理的技术性要求很高，发展静脉产业，在城市合理布局静脉产业园区，利用企业之间的溢出效应，设施和信息共享，实现了集聚效应，促进了静脉产业的发展和城市固体废弃物处理水平的提高。

此外，在本书的研究过程中，还会用到产业共生、资源环境经济学的相关理论，为静脉产业体系的建立提供了理论支撑。

第三章

静脉产业体系的主体行为及构建依据

以城市固体废弃物资源化处理率提升为主要发展目标的静脉产业，涉及经济、环境与社会等方方面面，与政府、企业、个人都有着密切的关系。构建静脉产业体系，就是要集合这些主体的力量，形成全社会的"合力"。从静脉产业体系的组成单元来看，它是一个多元主体并存的系统，包括政府、企业、个人（家庭）及社会组织，它们在静脉产业体系中的地位和作用是不同的，政府是静脉产业体系的管理者，企业应成为静脉产业产生再生资源的主要承担者，而其他的主体如个人或社会组织等，是静脉产业主体的重要参与者，它们在产业体系中的地位不同，决定了其目标和行为的差异。从构建静脉产业体系的准则来看，它以环境改善为导向，以再生资源取代原生资源，从而实现资源节约和要素供给结构的改变为根本目标。本章主要对产业体系微观主体构成进行了分析，并指出构建静脉产业体系的基本准则，为本书的研究提供了依据。

第一节 静脉产业体系的主体

静脉产业本身包含的领域宽泛，城市固体废弃物的来源包括在城市中的个人、企业与事业单位等诸多主体；构建静脉产业体系，就是要集合各个参与主体的力量，形成"合力"，在各方共同努力下，提升城市固体废弃物的资源化处理水平。

一、政府：静脉产业体系的管理者

发展静脉产业，处理城市固体废弃物，涉及经济、环境、社会、文化等诸多领域，是一项系统工程，需要建立一套完整的体系，集合全社会的力量，促进城市固体废弃物资源化、无害化与减量化目标的实现。这套体系的基本组成单元包括政府、企业、社会组织与个人，正是这些主体共同努力，才能促进静脉产业发展，最大限度地实现静脉产业的经济效益、环境效益与社会效益。

政府在静脉产业体系中处于管理者的角色。政府从社会公共利益和人类社会长期可持续发展的角度来管理静脉产业，让更多的企业进入静脉产业领域，从事废弃物资源化处理；同时，政府还会从环境的视角来管理其他经济主体废弃物排放行为，让排放者能够按照环境损害最小来排放废弃物，对非法排放行为进行追责，通过立法规制、行政管理、政策导向等引导静脉产业良性、健康、有序地发展。

城市固体废弃物随意排放无疑会给社会带来负的外部性，引起环境污染与资源浪费，从而损害社会整体福利。政府作为社会公共利益的代言人，社会福利最大化是其基本行为准则，提供能够满足社会成员需要的环境公共产品是其基本职能之一，从环境的角度看城市固体废弃物处理产业，具有明显的公共产品的属性，理应由政府向社会提供；从经济学的角度来看，城市固体废弃物的资源化处理与再利用又具有很好的经济利益,具有广阔的发展前景,是投资者可供选择的投资方向之一;从生态学的角度来看,城市固体废弃物处理产业的发展有利于实现生态环境的净化,符合人类社会可持续发展的要求。在静脉产业体系建设中要强调政府的主导作用,政府应利用行政规制、政策导向来引导静脉产业的发展方向,规范静脉产业发展的市场秩序,维护公平的市场规则,以促进静脉产业的良性发展。政府还应建立一套完整的激励与约束机制来规范相关企业的行为,如征收税费、罚款、收取押金、限期整改,甚至吊销营业执照等方式让相关企业与个人能够按照环境保护的基本要求和政府的意图排放城市固体废弃物,防止出现随意排放、恶意排放带来的环境污染与资源浪费等损害社会公共利益的行为;同时,政府可以通过设立处理基金、优惠的政策导向,给处理企业提供补贴等方式鼓励企业进入城市固体废弃物处理产业,对于在城市固体废弃物排放中做出重大贡献的企业进行奖励等,使企业的行为能够符合社会发展的整体利益和长远利益。另外,政府的宣传和引导对于"爱护环境、不乱丢弃"的社会文明风尚的形成有着重要意义。如果将研究环境问题的视野拓展到整个地球,政府是促进国际环境合作交流的重要沟通者、组织者。

二、企业:城市固体废弃物处理的主要承担者

企业是产业主体,是产业发展的重要承担者与实施者。静脉产业发展需要政府的管理与引导,更需要企业的参与。企业在静脉产业体系中处于主体地位,一方面,企业是废弃物的主要产生者;另一方面,企业又是城市固体废弃物的主要处理者,承担着

为社会处理废弃物的重任。从技术进步的角度来看，静脉企业是静脉产业技术进步的重要承担者，是废弃物处理效率、处理水平和再生资源质量提升的重要实现者；是政府的循环经济政策、废弃物处理政策、环境政策主要的实施者，是从废弃物到再生资源，从"资源—产品—废弃物"的线性经济发展模式到"资源—产品—废弃物—再生资源—产品"的闭环型经济发展路径转变的主要承担者。因此，在静脉产业体系中，企业处于主体地位。

如果按照物质流向来分可将资源分为原生资源与再生资源两大类，但为了研究问题的需要，可以依据企业使用的主要资源的类型来对企业进行分类，可将产业系统中的企业分为四种类型：

第一类是直接以废弃物为原材料的废弃物回收企业、处理企业（本章中简称"静脉企业"），这类企业通过自己的生产经营活动，能够将废弃物加工处理为再生资源，提供给产业系统中的其他企业或个人使用，降低社会经济发展对原生资源的依赖程度，实现再生资源对原生资源的取代，从而转变产业要素供给结构，实现产业结构转型，为人类社会的可持续发展提供帮助，具有直接的经济效益、环境效益和良好的社会效益。

第二类是既使用原生资源也使用再生资源的企业（本章中简称"生产企业"），在生产过程中，可以在两类资源之间进行选择，以最小化企业成本函数。这类企业生产的产品，既可以使用原生资源作为原材料，也可以用再生资源来作为原材料，如发电企业可以用原煤发电，也可以用垃圾发电；造纸企业既可以通过砍伐的木材造纸，也可以使用废弃的秸秆或者破布来造纸等。正是通过这类企业使用再生资源，才能缓解我国经济发展中对原生资源的依赖，推动静脉产业的发展，实现城市固体废弃物处理的经济价值与环境效益。

第三类企业直接以原生资源作为生产资料（本章中简称"原生资源使用企业"），但具有强烈的环保意识和社会责任感，建有自己的废弃物回收系统，将企业生产中产生的废弃物通过自身的废弃物回收系统进行回收、加工、再利用，或者通过产品设计、包装的简化，尽可能实现废弃物排放的减量化，产生的废弃物按照政府的意图或者环境损害最小原则进行排放。

第四类企业是以原生资源勘探、开采、提炼、销售为主的企业（本章中简称"原生资源供给企业"）。这类原生资源型的企业的生产成本是获得矿藏开采权的成本、开采费用，以及原生资源的市场化实现成本，这类企业在我国的产业结构系统中占有相当的比重，是我国经济发展的重要依托，也是我国产业结构升级困难的主要因素之一。

这四类企业在使用资源上存在着竞争与合作的产业组织关系，共存于产业结构系统之中。

三、社会组织与公众：静脉产业体系参与者

个人或社会公众是城市固体废弃物中生活垃圾的主要产生者，他们产生的城市固体废弃物主要是生活垃圾。研究表明，生活垃圾的产生量与人均收入水平、人口密度、消费结构等因素有着直接的关系。也是环境教育的主要对象，个人（社会公众）产生的生活垃圾比较分散，他们的环境保护意识对于生活垃圾减量化目标的实现有着重要的意义。

个人（社会公众）是生活垃圾的主要排放者，通常情况下来说，他们排放生活垃圾的主要路径有以下几种方式：

他们中的一部分人还参与到城市固体废弃物处理的分拣与

回收等环节。个人或社会公众通过对生活垃圾进行必要的分拣，将生活垃圾中可循环利用的有用成分分离出来，卖给其他个人或者废弃物回收组织、二手市场等，以延长产品的使用寿命，为社会节约资源；他们对生活垃圾的分拣也为回收组织节约了回收成本，提高了回收效率，减少了最终处理的成本。作为城市固体废弃物中的生活垃圾的主要产生者，他们的收入水平、消费结构决定了生活垃圾的数量与种类，也决定社会处理的成本和方案；他们的环境意识对于生态文明的建设有着重要意义。

社会组织是介于政府与企业之间的社会团体，主要包括行业协会、民间的社团组织等，它们是静脉产业体系的重要参与者，从发达国家静脉产业发展历程来看，社会组织都发挥了十分重要的作用。如社会组织中行业协会作为行业利益的代言人，是行业与政府、公众之间沟通的桥梁与纽带，行业协会实施的行业管理是对政府管理的有效补充。行业协会定期或不定期地发布行业数据，协调行业内企业之间的关系，为行业解读、传递政府的方针政策，对于行业的稳定发展有着重要意义。民间自发组织的社团组织，有时也被称为非营利组织、志愿者组织、非政府组织、第三部门等，国际广泛地称其为"非政府组织"（non government organization），是指在政府组织和以营利为目的的企业组织之外的一切志愿性社会团体。这些组织在宣传绿色观念，倡导绿色行动，引导社会绿色潮流；监督约束其他主体损害环境利益行为，举报环境事件；节约政府管理成本等方面发挥着重要的作用，有助于实现城市固体废弃物排放的减量化、无害化处理目标，进而促进静脉产业发展。

第二节 静脉产业体系的主体行为分析

在静脉产业体系中，政府是环境政策的制定者，在我国，政府同时也是环境的主要监控者和环境信息发布者；同时，政府还通过设立处理基金，进行财政补贴，优惠贷款等方式鼓励私人投资进入城市固体废弃物处理领域，并通过对企业和个人的废弃物排放罚款、收税（费）等方式，以减少随意排放给环境带来的危害和资源浪费。企业理应成为城市固体废弃物处理产业的承担者，应积极通过经营活动使得废弃物资源化，从而实现城市固体废弃物处理目标。个人（社会组织）是静脉产业体系的参与者，在发达国家，社会组织在城市固体废弃物处理产业发展中发挥着重要角色，随着我国社会组织的发展，社会组织在静脉产业体系中的重要地位会日益得到提高。

一、政府行为分析：以收费为例

政府为了让废弃物处理企业与社会公众能够按照政府的意图排放废弃物，减少废弃物排放的负外部性带来的消极后果，改善环境，提供社会满意的准公共产品。政府会对企业、社会公众等城市固体废弃物产生者进行适当的政策引导和教育，进行立法规制，同时也会对排放者收费，这是政府对城市固体废弃物排放常用的手段，对于城市固体废弃物排放的减量化目标的实现及废弃物排放路径的改变有着直接的作用，从而对静脉产业的发展和社会福利产生影响。

(一)收费的积极后果

假定经济主体(公众、企业、其他组织,以下简称"排放者")在一定时期内产生的城市固体废弃物通过以下三种排放路径排放:第一,将其中的一部分排放到政府指定的回收系统,由政府承担中间处理与最终处理,但要缴费,政府收费按照废弃物的数量来收取,单位费率为t;第二,排放者将另外一部分,经过分拣、分类和简单处理卖给废弃物处理企业,废弃物回收组织者或者二手市场,通过他们实现资源化与循环利用;第三,非法丢弃。在制度设计完善的状态下,丢弃会被罚款,政府建城市固体废弃物回收的设施成本为L,处理城市固体废弃物的分拣、运输、处理,以及垃圾资源化产品销售的变动成本为dQ,城市固体废弃物经过处理后产生的产品量为vQ(v表示资源化率,因为一定数量的城市固体废弃物政府回收处理后与回收前的数量存在差异),资源化产品的价格为反线性需求函数,$p = a - bQ$,其中:a,b > 0,政府处理城市固体废弃物利润函数可以表述为:

$$H = vQ(a - bQ) + tQ - dQ - L$$

最大化上式,令:$\frac{\partial H}{\partial Q} = 0 \Rightarrow av - 2bvQ + t - d = 0$

$$\Rightarrow Q = \frac{av + t - d}{2bv}$$

若政府对城市固体废弃物排放不收费,对随意丢弃和恶性丢弃行为不进行罚款,采用上述的分析方法,结果为:

$$Q = \frac{av - d}{2bv}$$

显然，采用收费与罚款等方式后的处理量比不采用上述方式处理量要大，即政府采用收费与罚款等方式，促进了城市固体废弃物处理水平的提升，同时对于排放者而言，将城市固体废弃物排放到政府指定的回收系统要缴费，随意丢弃则会被罚款，从理性原则出发，在上述三种排放方式选择中，则会尽量将城市固体废弃物进行分拣，简单处理，卖给企业、废弃物回收组织或二手市场，不仅可以减少缴费等成本支出，还能增加收入，对于整个静脉产业而言，由于获取了经过分拣和简单处理的废旧物质，提高了产业链运行效率和效益，政府收获了改变了废弃物产生者的排放路径，促进了静脉产业的发展。

(二) 收费的消极效应

政府收费增加了政府的财政收入，提高了其处理城市固体废弃物的能力，使排放者为减少缴费负担，而尽可能地将城市固体废弃物再使用，或者卖掉。但是政府收费，会增加企业的生产成本，从而企业会将其生产过程中产生的固体废弃物排放费的一部分通过提高产品的价格转嫁给消费者。

为了分析问题的方便，对相关函数做出以下假定：

(1) 企业的成本函数为 $C = a + bQ$；

(2) 价格关于产量的线性函数为 $p = c - dQ$；

(3) 废弃物的排放量是产品产量的线性函数 $Q_{废} = e + fQ$。

政府收费采用按排放单位收取的方式，单位费率为 t，企业按照理性原则选择自己的产量和价格，下面对政府收费前后的均衡价格与数量进行讨论。

收费前：

企业的利润函数：$L = pQ - CQ = (c-a)Q - (b+d)Q^2$

一阶条件为：$\frac{\partial L}{\partial Q} = 0 \Rightarrow Q = \frac{c-a}{2(b+d)}$ $p = \frac{ad+cd+2bc}{2(b+d)}$

收费后：

企业的利润函数为：$L = pQ - CQ - tQ \cdot_\gamma = (c-a-tf)Q - (b+d)Q^2 - te$

一阶条件为：$\frac{\partial L}{\partial Q} = 0 \Rightarrow Q = \frac{c-a-tf}{2(b+d)}$ $p = \frac{ad+cd+tfd+2bc}{2(b+d)}$

收费前后对比，产量降低了 $\tilde{Q} = \frac{tfd}{2(b+d)}$，价格提高了 $\tilde{p} = \frac{tfd}{2(b+d)}$，而提高的价格正是企业将政府的收费转嫁给消费者的部分，而企业仅承担了部分为 $t - \frac{tfd}{2(b+d)}$。均衡产量的下降和均衡价格的上升正是社会福利恶化的表现，收费具有一定的消极后果。

虽然对城市固体废弃物排放者收费具有两重性，但是在城市固体废弃物处理的实践中，收费是被广泛使用的一种方式，在城市固体废弃物处理产业发展的早期，通常采用固定收费制，以唤起公民的环保意识；但是当城市固体废弃物处理产业经过一段时间的发展以后，公民的环保意识逐步提高，采用按单位排放量的收费方式被得到了逐步推广，尽管这种方式仍然在实践中操作难度较大。

（三）收费的总效应

从整体社会福利变化而言，对排放者进行收费最终还是能够提升社会福利效应的，如图3-1所示。

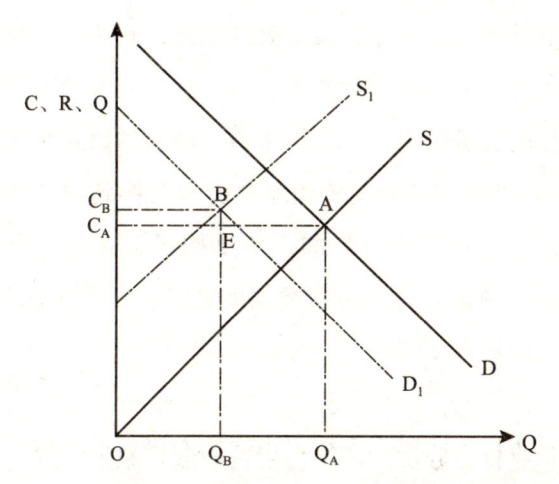

第三章　静脉产业体系的主体行为及构建依据

图 3-1　政府城市固体废弃物排放者收费的福利效应

D、S 分别表示政府对城市固体废弃物费前的政府处理曲线和排放者将城市固体废弃物排放到政府指定的废弃物回收系统中的排放曲线，D_1、S_1 表示实施收费制度后的情况，均衡点分别为（C_A，Q_A）（C_B，Q_B）。政府对城市固体废弃物排放按排放单位来征收，通过均衡点的比较，社会福利的变化情况由矩形 C_AC_BBE 与矩形 Q_AQ_BAE 面积的进行比较，若前者大于后者，则社会福利受到了损失，反之则福利增加，增加的量为 Q_AQ_BAE 与 C_AC_BBE 的面积之差；政府的收入增加了，增加量为 C_AC_BBE。整体社会福利的变化为 Q_AQ_BAE，所以从社会福利的角度，对城市固体废弃物排放实施收费，促进了整体社会福利的增加。

总的来说，现代政府对静脉产业采用的收费手段，对于城市固体废弃物减量化目标的实现有着重要的促进作用。同时，"污染者付费"的原则，也能够唤起整个社会的环境保护意识，对于强化企业的社会责任，增强政府的处理能力都有着重要意义。而政府对于静脉产业的补贴，设立处理基金等行为，无疑对于鼓励更多的投资者进入静脉产业领域，对于提高处理企业的生产积极性有着直接的促进作用。从长期来看，政府的政策导向对于一国（地区）的产业结构从高度依赖原生资源转换到两类资源共同使用，乃至以再生资源为主导的产业结构状态有着重要地推动作用，是一国（地区）走向可持续发展之路，摆脱日益严峻的资源与环境压力的重要支撑。

二、企业行为分析：产生再生资源取代原生资源

静脉企业能够将城市固体废弃物资源化，产生再生资源，用再生资源替代原生资源，从而缓解人类社会发展面临的原生资源不足的压力。但是仅有少部分学者对静脉产业通过自身的产业活动将废弃物资源化产生再生资源，这些再生资源对资源市场结构供给能够带来多大程度的影响，企业在选择原材料时如何在静脉产业与原生资源产业之间进行选择，这种选择对资源市场、企业利润，以及社会福利能够带来什么样的影响，却很少有学者进行深入关注。仅有张士强、郭庆春等少数学者关注到上述问题的某一方面。张士强（2012）在研究静脉产业与动脉产业之间的关系时，指出它们在使用资源上存在着竞争与共用、通用等合作关系。郭庆春（2011）[①] 研究了静脉产业能够将废弃物资源化，进而引起资源供给机理和供给渠道的变化。但是对再生资源取代原生资源的过程与机理的研究目前还是十分薄弱，本书打算在该领

---

① 郭庆春，张咏梅，任一鑫. 静脉产业下资源供给变化及相关影响 [J]. 山西财经大学学报，2011（4）：106 - 107.

域做一粗浅的探索。

（一）再生资源取代原生资源的过程与边界

在产业组织的理论中，古诺模型开创了垄断竞争条件下，厂商产量决策的过程与结果，为产业组织理论的研究做出了先驱性的贡献。但古诺模型也遭到了广泛的质疑，这种静态博弈下产生的古诺均衡，是以产量为内生变量的，事实上，产量与价格有着不可分割的关系。伯川德在批驳古诺均衡的基础上提出了"伯川德悖论"著名命题，该命题指出：两个生产完全替代品的企业，消费者会选择价格较低的企业的产品；如果两个企业的产品价格相等，则两个企业均分市场需求，价格高的企业将失去整个市场，反之则获得整个市场。结果必然是两个企业为了争夺市场份额，不断地降低价格，最终将价格降低到与边际成本、平均成本相等水平，实现与完全竞争市场结构下，相同的均衡结果，两个企业的利润为零。即市场中只要有一个竞争对手存在，都能实现完全竞争的结果，这与对完全竞争市场的对厂商数目的要求不符，因此被称为伯川德悖论。

基于"伯川德悖论"，本书分析了原生资源供给企业与再生资源供给企业与生产企业之间的关系，描述了再生资源取代原生资源的过程和结果，并做出如下假定：

假定1：经济系统中的静脉企业是提供再生资源的企业，与其相对应的是提供原生资源的供给的企业，它们都能提供给生产企业使用的原材料，质量上无差异，或者两者的质量虽有一定的差异，但并不影响产品的性能、使用寿命等主要参数，产品的消费者对这种差异并不在意或无法察觉。

假定2：这些企业之间不存在着勾结，静脉企业与原生资源供给型企业提供给生产企业原材料时没有人为的限制，两者的市场交易成本相等。

在上述假定下，生产企业是从静脉企业购买原材料还是从原生资源供给企业购买原材料，取决于它们的定价。静脉企业的定价为 P_1，边际成本为 mc_1，产量为 Q_1，原生资源供给型企业定价 P_2，边际成本为 mc_2，产量为当 Q_2，生产企业的边际成本为 mc_3 边际收益为 mr_3。

情形一：资源质量无差异

在该种情形下，类似于两个同质企业之间的竞争。

当 $p_1 < p_2$ 时，生产企业将从静脉企业内购买原材料。

当 $p_1 > p_2$ 时，生产企业将从原生资源供给型企业内购买原材料。

当 $p_1 = p_2 = mc_1 = mc_2$ 时，原生资源供给型产业与静脉产业将各自分享相等的市场需求。

由此可见，在理性原则支配下，定价较高的企业将会失去整个市场，反之会占据整个市场，其结果会导致各个企业将价格定到与其边际成本相等的水平[1]。

因此，在情形1的状态下，再生资源实现了对原生资源的完全取代，在情形2的状态下，再生资源则无法实现对原生资源的替代，静脉企业的生产的再生资源无法对现有的产业结构系统产生实质性的影响，在情形3的状态下，再生资源对原生资源实现了部分取代。

情形二：资源质量存在差异

---

[1] ［美］奥兹·夏伊：产业组织：理论与应用（中译本）[M].北京：清华大学出版社，2005：13–17.

当静脉企业提供的原生资源质量与原生资源供给型企业提供的资源在质量上存在着差异,这种资源质量的差异会成为影响产品销售量的主要参数,如寿命、性能、产品的外观美观度等,在这种情况下生产企业使用生产要素遵从按照利益最大化原则。

即:当 $p_1 < p_2$,且 $mc_3 = mr_3$ 时,生产企业将从静脉企业内购买原材料,否则生产企业将从原生资源供给型企业中采购原材料。

所以,静脉产业产生的再生资源能够在多大程度上取代原生资源,取决于企业用哪类资源获得的利润更高,当两类资源的价格能够给生产企业带来相同的利润时,取代开始发生;而当再生资源企业提供的价格更低时,则实现了完全取代;当生产企业从原生资源供给型企业中获得资源能够大于再生资源供给型企业时,再生资源对于生产企业就失去了吸引力,取代过程将被终止。

(二) 再生资源取代原生资源的实现

让再生资源替代原生资源,节约人类社会发展对原生资源的高度依赖,发展静脉产业是人类社会的必然选择。静脉产业在多大程度上能够替代原生资源?从生产企业的角度来看,在质量差异不大,至少不影响产品的主要性能参数的状况下,当生产企业采用的再生资源能够比使用原生资源更有成本优势,至少不会比使用原生资源的成本高的时候,再生资源对原生资源的取代作用才能得以实现。因此,要想提高再生资源的取代作用,就要设法降低静脉企业的成本。

本书从静脉企业价值活动链的顺序对静脉企业的成本结构进行了考察,如表3-1所示。

表 3-1 静脉企业的成本结构

静脉企业成本结构		
废弃物获得成本	废弃物资源化处理成本	再生资源市场化实现成本
回收成本	设备、厂房等固体成本	营销成本
运输成本	人员工资、管理成本等	交易成本
分拣成本	废弃物二次排放相关支出	物流成本
……	……	……

静脉企业的成本 = 废弃物获得成本 + 废弃物资源化处理成本 + 再生资源市场化实现成本

废弃物获得成本主要是指静脉企业获取废弃物要支付的各种费用总和。静脉企业从废弃物产生者手中获取废弃物，然后通过自己的运输工具或运输环节提供的运输工具，将回收的废弃物运送到企业所在地，然后进行分拣，完成静脉企业的原材料购进。当静脉企业购进原材料以后，需要像其他类型的企业一样组织生产，生产过程中涉及企业的固体成本、变动成本，获得的废弃物无法完全资源化，形成再生资源，静脉企业也会排放这些废弃物，实践中又被称为"二次排放"，也会产生类似于缴费等方面的成本。静脉产业的产品是再生资源，再生资源市场化实现也是需要付出成本的，这些成本包括营销成本、交易成本，以及物流成本等。

降低静脉企业的成本就要从静脉企业的成本结构入手。首先，要降低静脉企业的废弃物获得成本，由于我国许多地区的城市固体废弃物不加以分类，如生活垃圾，大部分城市的垃圾桶仅仅分为可回收物质与不可回收两大类，在垃圾桶旁边并没有明确说明哪些物质是可回收的，哪些物质是不可回收的，有些地方甚至只有一个不带盖子的垃圾桶，蚊蝇滋生、臭气熏天，仅有少部分城市的垃圾回收设置有明确的说明，这种方式增加了静脉企业分拣的成本，增加了企业和社会的处理费用。因此，要降低静脉企业的城市固体废弃物获得成本，就要做好城市固体废弃物的分类回收工作，这样有利于减少分拣成本与最终处理的处理成本，从而降低静脉企业的运行成本。其次，要对静脉企业进行补贴。由于城市固体废弃物处理产业需要较高的固定成本投入。涉及建立处理工厂、购买专业机器、处理设备等，因此，需要政府给予一定的财政补贴，减少企业在这方面的投入。最后是降低静脉企业的再生资源实现的市场成本。政府应引导生产企业，鼓励生产企业和个人使用再生资源来代替原生资源，进行科学规划，合理布局，从而较少静脉企业的物流费用和市场交易成本。

再生资源对原生资源取代作用的发挥，仅仅依靠低成本优势难以获得长期的竞争优势，对于静脉企业而言，还要提高再生资源的质量，让生产企业在选择原材料的过程中从静脉企业中获得再生资源，能够生产出来与原生资源供给型企业相近的产品质量。如前文所述，只有当静脉企业提供的再生资源在质量上能够达到甚至优于原生资源，才能被生产企业使用，从而实现原生资源取代再生资源。

第三节　静脉产业体系构建依据

依据静脉产业体系主体构成的广泛性，以及再生资源取代原生资源发生的过程与边界，要转变我国产业结构，提高再生资源在资源供给结构中的比例，发挥城市固体废弃物处理产业发展的经济、社会与环境效益，需要构建静脉产业体系，凝合各个经济主体力量，优化产业链各个不同环节，提高静脉产业链的运行效率和增值能力，发挥不同的产业组织形态在城市固体废弃物处理产业发展中的作用。本书基于再生资源对原生资源取代的过程与边界的理论分析，坚持以"3R"原则为导向，以城市固体废弃物资源化处理为主线，全面构建我国静脉产业体系。

一、静脉产业体系的构建是由废弃物处理目标决定的

城市固体废弃物的处理目标，无外乎就是资源化、减量化与无害化。在这三种目标的导向下，科学设计静脉产业体系是十分必要的。

从资源化处理的目标实现来看，目前我国城市固体废弃物资源化处理率偏低。以生活垃圾为例，大部分都被填埋，不仅废弃物自身的资源没能得到有效地利用，而且填埋场的建设还浪费了大量的土地资源，生活垃圾的填埋，污染了土壤和地下水，无论是从当前的资源与环境效益出发，还是从将来可持续发展的目标考量，发展静脉产业，对废弃物进行资源化处理，是解决城市固体废弃物问题的根本途径。

城市固体废弃物的资源化处理的主体主要是政府与企业，在我国静脉产业发展中，政府充当着管理者、回收者与最终处理者等多重角色，政府的角色与职能过多地介入了城市固体废弃物处理产业，尤其在最终处理领域，目前除了桑德环境等少数几家企业以外，其余大部分是由政府包办，产业缺乏应有的竞争活力，而在城市固体废弃物回收与分拣等领域存在着大量的个体经济与中小企业，产业链不同环节的经济主体的实力与地位不对等，不利于静脉产业的发展和资源化处理目标的实现。因此，从提高城

第三章 静脉产业体系的主体行为及构建依据

市固体废弃物资源化处理目标出发，需要构建完整的静脉产业体系，提升城市固体废弃物回收、分拣等领域的组织化程度，能够为下游的最终处理环节提供稳定的原材料来源，并将产业链各个组成部分有机衔接，形成产业链内稳定的合作关系，确保产业链增值能力，使得产业链的各个参与主体能够在产业链增值中获利，实现城市固体废弃物的资源化处理目标。

从减量化目标的实现措施来看，目前广泛使用的措施主要包括源头减量与过程减量两种方式。源头减量主要是通过延长产品生命周期，强化生产者责任制度，在产品设计、产品包装等环节进行政策激励与约束，减少废弃物的产生；在废弃物产生以后，在消费领域实行"押金—返还"制度和收取处理费用，对生产企业实行预收处理费用、设立处理基金，鼓励企业进入城市固体废弃物的最终处理领域，目前的排放过程中的减量化政策，主要是以减少政府处理量为目标，鼓励企业来部分完成废弃物的处理。

实际上，当城市固体废弃物产生后，政策的重点应放在如何改变废弃物的排放路径上。排放者按照理性原则选择排放路径，将城市固体废弃物排放到政府指定的垃圾桶、垃圾槽内，或卖给废弃物回收者，甚至随意丢弃。为了减少废弃物排放者的随意丢弃行为，节约资源，降低废弃物排放对环境的损害，需要建立完整的静脉产业体系，让废弃物能够快速地、低成本地得到最终处理。因此，科学布局静脉产业，具有十分重要的意义。

构建静脉产业布局体系是减少排放者将废旧物质作为垃圾来处理的重要措施，从而实现减量化的目标。在城市固体废弃物的回收系统中，除了大量的失去使用价值的"垃圾"，还有很多旧物质，这些物质通过简单的清洗、修理就能恢复应用的使用价值，甚至可以被直接使用，但都被居民当作垃圾丢弃了，不仅增加了最终处理的负担,也浪费了大量的资源。静脉产业体系的建设要能够将这些旧物质资源化、市场化,通过社区回收、跳蚤市场的建设,这些旧物质能够在不同的消费群体中实现让渡、交易,从而减少了城市固体废弃物的产生量,节约了大量的资源,实现了旧物质的再使用与减量化。

二、静脉产业体系构建是由城市固体废弃物特征决定的

城市固体废弃物产生者、排放者与最终处理者之间存在着时空上的矛盾,客观上要求建立一套完整的体系,以解决上述矛盾。

城市固体废弃物中含有大量的有毒有害物质,有些固体废弃物还含有水分,容易腐烂变质。因此,它们在产生者那里滞留的时间越长,造成的环境污染与资源浪费问题就越严重。而城市固体废弃物产生者(排放者),具有广泛性与分散性的特点,最终处理者又具有规模性与集中性的特征。这种空间上的矛盾与城市固体废弃物自身的特性,需要将城市固体废弃物产生者、排放者与最终处理者之间建立便捷、快速的联系,以使得废弃物从排放者那里能够快速送往最终处理场所,以使得环境损害最小,并得到资源化处理。

城市固体废弃物处理产业有着自身的运动规律,从产业链条来看,可以分为回收、运输、中转、贮存与最终处理等不同环节,这些环节之间要形成有机的系统,有效地连接,才能实现城市固体废弃物处理的目标。从静脉产业的空间布局考虑,回收网络,中转系统与最终处理现场之间也要形成体系,才能减少城市固体废弃物在产生者与中间环节滞留的时间,达到城市固体废弃物一经产生,就能迅速地送往最终处理现场,实现科学处理。

第三章　静脉产业体系的主体行为及构建依据

三、静脉产业体系构建是由该产业发展状况所决定的

目前，我国静脉产业发展水平与发达国家相比，还显得十分落后，本书将在第六章对该问题进行深入讨论。从我国产业结构、消费结构出发，该产业发展的滞后性不仅使得我国大部分城市固体废弃物没能实现市场化与资源化，造成了严重的资源浪费，还产生了大量的环境问题。从我国城市固体废弃物处理实践来看，大部分城市固体废弃物采用了填埋与焚烧的方式，资源化处理水平较低；从城市固体废弃物处理的市场结构来考察，回收环节的分散性与最终处理环节的垄断性的市场结构特征较为明显；在空间布局上，社区回收中心、逆向物流环节与静脉产业园区之间衔接不畅；从政策体系来看，政府政策对企业具有一定的约束性与激励作用，而对个人行为的约束缺乏效力。因此，从提升静脉产业发展水平的角度，基于我国城市固体废弃物处理现状，构建静脉产业体系是十分必要的。

在我国官方公布的统计数据中，城市固体废弃物包括生活垃圾、一般工业废弃物与危险废弃物三类。城市居民生活垃圾的回收、贮存、运输及最终处理几乎由政府包办，产业化与市场化程度不足；一般工业废弃物主要包括冶炼废渣、粉煤灰、锅炉渣、煤矸石、采掘尾矿等，我国自20世纪80年代就开始了对工业固体废弃物的综合利用，但是一般工业固体废弃物综合利用需要依赖其他相关产业的发展；危险废物的处理处置大部分是由产生单位自行处理处置和综合利用，全国危险废物集中处置能力的分布极为不平衡，在东部沿海发达地区具有较高的集中处置能力，而在其他地区则明显较低。特别是在有色金属矿采选和冶炼较为发

达的西南地区，集中处置能力显然无法满足其需求。

　　从这三类城市固体废弃物处理产业的发展现状来看，迫切需要建立完善的静脉产业体系来提高城市固体废弃物的回收利用率。从静脉产业的空间布局考虑，回收网络，中转系统与最终处理现场之间也要形成体系，才能减少城市固体废弃物在产业者与中间环节滞留的时间，城市固定废弃物一经产生，能够迅速进入最终处理系统，减少城市固体废弃物在产业链内滞留的时间，提高废旧物质的再使用率，才能实现城市固体废弃物的资源、环境和经济效益。

第四章

我国静脉产业链运行体系

再生资源的成本与质量决定了生产企业利用这类资源生产时的原材料成本与产品质量，以及由此而决定的市场利润。因此，要发挥再生资源对原生资源的取代，鼓励生产企业选择再生资源，就要降低再生资源的成本，提高再生资源的质量。基于前一章对其成本的划分，首先要降低废弃物获得（回收、分拣、分类）等方面的成本，这就需要构建静脉产业链运行体系，提高回收、分拣、分类、最终处理等环节的运行效率，降低废弃物处理企业的原材料获得成本。

静脉产业链具有一般产业链的基本属性，包含价值链、企业链、供需链和空间链四个维度的概念。这四个维度在相互对接的均衡过程中形成了产业链，并依据特定的逻辑关系和时空布局关系客观形成链条式关联关系形态。以废弃物资源化处理为特征的静脉产业自身的产业链就比一般产业的产业链要长，产业链不同环节之间的关系要更加复杂。因此，沿着废弃物产生到最终市场化的产业链运行线路，对静脉产业链各个环节进行探讨，有利于优化静脉产业链，形成合理的产业关系，从而有利于提高静脉产业链的运行效率，提升我国城市固体废弃物的处理水平，缓解我国社会经济发展对资源的依赖，减少对环境的破坏，实现资源供给结构的改变，进而转变产业结构。

第一节　城市固体废弃物的回收

由于我国静脉产业的起步较晚、环境教育落后，居民的环境保护意识不强，在城市固体废弃物丢弃前，多数情况下没有能够对它们进行必要的分类和分拣，这方面与发达国家有很大的差距。从产业链运行的角度考察，回收是我国静脉产业链运行的起点。

一、我国静脉产业链的形成与发展

静脉产业是个古老而又年轻的产业，说它古老，是因为废旧物质的回收与再利用行业自古以来都存在，只是在历史的不同时期的发展程度和产业化规模有很大的差异；说它年轻，是因为静脉产业明确的提法是最近十多年的事情，现代国家对其进行系统政策设计，列入国家发展规划时间也不是很长。尤其在我国，受到的重视程度更晚，2006年实施的《静脉产业类生态工业园区标准（试行）》，才使得静脉产业在我国以独立的产业形态存在，并得到了大力发展。循着静脉产业自身的产业链运行过程，从废弃物产生到实现其经济价值的运行过程来考察，静脉产业链可以分废弃物回收、分拣、拆解、加工、物流系统集成，最终处理产生再生资源或可再利用的产品等基本环节。

从静脉产业链的构成环节来看，客观上要求形成从废弃物回收到废弃物经济价值实现的一整套完备的体系，着眼于静脉产业链的运行，要建立完善现代静脉产业发展体系，就需要对静脉产业链的各个运行环节进行优化、整合，以提高静脉产业链的运行效率和废弃物处理的经济效益、社会效益与环境效益，静脉产业链是从废弃物回收为起点到废弃物实现经济价值为终点的一套体系（如图4-1所示）。

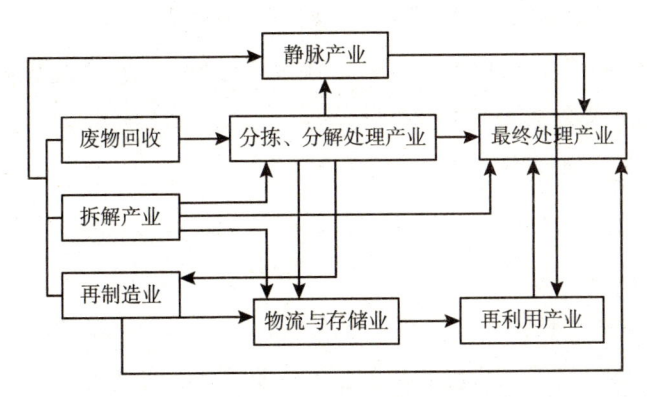

图4-1　静脉产业链运行的主要环节

我国早在20世纪50年代，就已经建立了由供销合作社及其分支机构所组成的废弃物回收系统，初步搭建了我国静脉产业发展体系，只是当时回收的范围仅限于废旧物质，回收的数量有限，废弃物处理的效率和效益也不是十分理想，静脉产业链运行效率低，对国民经济与社会发展贡献不够。

改革开放之初，随着国外环境保护思想在中国的逐渐传播，我国开始对城市固体废弃物进行处理，但是那时的废弃物处理链条是由政府和政府环卫部门主导下建立的、带有浓重垄断色彩，处理的领域基本上限于工业"三废"，当时城市固体废弃物处理产业的资金来源主要依靠政府的转移支付，从事城市固体废弃物处理产业的从业人员都是国有事业单位编制，其工资和福利待遇由政府负责。这种高度垄断的市场结构，影响了静脉产业的市场化进程，所形成的静脉产业链就是城市经济主体产生废弃物、政府收集处理，产业链各个环节均由政府包办，从废弃物产生到最终处理之间的缺乏其他经济主体的介入，尤其是企业的参与，这样形成的静脉产业链运行效率低下，缺乏活力。以城市固体废弃物中的生活垃圾处理为例，政府对生活垃圾处理的要求就是将其尽快扫除街道和市民的生活区，然后进行简易堆放，垃圾处理的各个环节全部由政府财政直接支付，没有完备的处理设施与设备，缺乏专业的指导、系统规划与严格的管理体系支撑，所以使得我国的生活垃圾处理产业的发展缓慢，垃圾污染环境的恶性事件接二连三。

20世纪90年代中后期，随着我国市场化进程的推进，尤其是对于部分自然垄断行业开始引入竞争机制，使得城市固体废弃物处理产业链参与主体除了政府以外，还开始有企业、社会组织的介入，大大加快了城市固体废弃物处理产业的市场化的广度与深度。1996年，我国开始实施的"九五"规划，开始将城市固体废弃物处理列入环保领域中一项重要的工作，由此促进了我国的生活垃圾处理行业的快速发展，从1996~2001年，废弃物处理率得到了快速提升，有效地改善了人民的生活环境质量，并通过专业化的处理企业、处理设备对生活垃圾的分拣，并通过利用垃圾发电、堆肥等方式部分实现了生活垃圾的经济价值。

进入21世纪以来，我国对静脉产业及其相关领域的重视程度不断提高，体现在逐年增长的财政投入上，表4-1显示了进入21世纪以来我国在废弃物处理上的投资变化。

表 4-1　　我国工业治污完成的投资总额及投资额的分配结构

单位：万元

年份	总额	废水治理	废气治理	固废治理	噪声治理	其他
2000	2347895	1095897	909242	114673	13692	214390
2001	1745280	729214	657940	186967	6424	164734
2002	1883663	714935	697864	161287	10464	299113
2003	2218281	873748	921222	161763	10139	251408
2004	3081060	1055868	1427975	226465	13416	357336
2005	4581909	1337147	2129571	274181	30613	810396
2006	4839485	1511165	2332697	182631	30145	782848
2007	5523909	1960722	2752642	182532	18279	606838
2008	5426404	1945977	2656987	196851	28383	598206
2009	4426207	1494606	2324616	218536	14100	374349
2010	3969768	1295519	1881883	142692	14193	620021
2011	4443610	1577471	2116811	313875	21623	413831
2012	5004573	1403448	2577139	247499	11627	764860
2013	8496647	1248822	6409109	140480	17628	680608
2014	9976511	1152473	7893935	150504	10950	768649

资料来源：中国统计年鉴［Z］.北京：中国统计出版社，2015.

从表 4-1 可以看出，进入 21 世纪以来，总体来说，我国对废弃物处理上的投资逐渐加大，投资总额从 2000 年的 2347895 万元增加到 2014 年 9976511 万元，增加了 4.5 倍，而对工业固体废弃物处理的投资额 2000 年为 114673 万元，2014 年为 150504 万元，期间最高的年份（2005 年）[①] 为 274181 万元，在

[①] 2005 年被称为我国的"循环经济年"，因此该年对固体废弃物处理投资较多，相比废水与废气的处理，固体废弃物的处理显然能够直接产生更多经济效益，经济利益大于环境利益。

此期间，对固体废弃物治理的投资增长有限，"十一五"期间，固废处理投资规模为2100亿元，年均增速18.5%；"十二五"期间，固废行业的投资规模更是达到8000亿元左右，但由于我国对固体废弃物处理的忽视，长期积累的固废污染问题难以在短期内得到有效地解决，全国的600多座城市仍有近2/3的城市被生活垃圾包围就是例证。

幸运的是，我国理论界与政策当局逐步重视固体废弃物处理问题，政府对该领域一系列政策的出台（见第七章第一节），静脉产业吸引着越来越多的企业的进入，静脉产业链的专业化分工程度也日益提高，产业运行效率得到了极大提升，目前静脉产业已经成为我国乃至世界上最有发展前途的新兴产业之一。

二、静脉产业链回收环节的问题

近年来，我国城市固体废弃物回收行业不断发展，已经初步形成了五种基本的回收体系。这些体系有组织化程度较低的以个体户为主的民间回收拆解体系、个体户回收利用体系；也有依托供销系统建立的废旧物资回收利用体系；随着逆向物流和第三方物流业的发展，除了由企业和商业机构建立生产商（销售商）回收利用体系；基于聚集经济和政策双向推动而形成的专业再生资源回收利用体系等。这些回收体系对提高我国城市固体废弃物的回收效率，促进静脉产业的发展起到了重要作用。但是，现有的回收体系还不能满足我国日益增长的废弃物产量，与静脉产业发展对废弃物回收环节的要求，也存在着不小的差距，静脉产业链运行的回收环节还存在着诸多问题，不利于静脉产业链运行效率的提升，这些问题集中体现在以下几个方面。

第四章 我国静脉产业链运行体系

(一) 回收组织化程度低

废弃物回收是静脉产业链运行的起点，经过回收系统回收的废弃物是静脉产业发展的原材料来源。废弃物回收是将社会生产、生活中报废的产品或者已经完全或部分失去其原有价值的产品收集起来，供静脉产业链的其他环节进行加工处理的过程。

长期以来，我国从事废弃物回收的工作一直被视为没有前途的职业，受到了不同程度的歧视。我国目前活跃于城乡的数以百万计的"回收大军"[①]，他们缺乏专业化的处理设备，仅仅将城市固体废弃物中的一部分，经过简单的分拣与处理，卖给二手市场或者其他组织，从中获取废弃物中容易资源化的部分，以取得部分经济收入，而将剩余的部分直接丢掉，不仅产生了二次污染，还大大降低了废旧物质的回收利用率，造成了巨大的资源浪费。而且，这些回收者中间有些人在回收废品中还会"顺手牵羊"，做些偷盗之事，给社会带来了一些不稳定因素。所以，有些学者建议要加强对他们的管理，依靠法律和规范来对他们进行组织，形成规范化管理，以提高回收环节的组织化程度，从而确保静脉产业长期稳定的原料来源[②]。

笔者在江苏、安徽等地调查时发现，在我国静脉产业链运行的废弃物回收环节，还存在着大量的有固定门面房的个体回收者，面积从几平方米到几十平方米不等，企从业人员的组成大多数是以家庭夫妇为主，有些稍大规模的店面会有亲戚或者是同乡

---

① 这些回收大军在我国不同的地区有不同的称谓，多数场合给他们的称谓是"收破烂的或者拾荒者"。

② 郝广才，邹庐泉. 上海市固体废弃物管理系统静脉产业链的构建 [J]. 环境卫生工程，2007, 15 (4): 50-52.

帮忙，他们不仅在店面进行日常的废弃物回收，还会经常走街串巷进行游动回收，将回收到的固体废弃物进行初步的分拣、简单处理，剩余的部分则被丢弃；此外，在这些回收个体中还有部分店面进行专业化回收，回收的产品大多数是以废旧金属某类为主，实现了部分的专业化。

从产业发展的角度来看，这种大量的、分散的缺乏专业化的回收个体，造成了我国静脉产业回收领域的低组织化特征，不仅不利于这些回收个体个人收入水平的提升，也不利于回收环节为整个产业提供稳定的原材料，从而不利于静脉产业链的下游分拣、处理等环节产业化、规模化发展，降低了静脉产业链的运行效率。

（二）与产业链下游联系松散

按照产业链运行的基本要求，产业链各个环节之间形成专业化的分工与合作的紧密关系，产业链各个环节之间建立起共享的、稳定的利益分享机制，从而能够确保整个产业链的价值增值和长期稳定运行。由于回收环节的低组织化特征，零散化经营，使得产业链各个环节之间无法形成稳定的交易关系，回收者随机性地将城市固体废弃物进行处理，与产业链下游产业主体之间的交易往往是偶然的，这样造成了回收环节与中间处理与最终处理环节的随机性、不稳定产业关系，使得静脉产业链下游往往无法获得专业化、稳定的原材料的供应，从而造成产业链运行效率低下，处理规模经济效应不明显，影响了整个产业链运行的效益。

（三）二次污染问题严重

由于回收者的分散化和小规模化，政府对回收者缺乏完善的监控体系，回收者仅仅将城市固体废弃物中容易资源化和单位价值比较高的成分分拣出来，而将剩余部分随意丢弃，产生二次污染，这种情况在我国城市固体废弃物处理产业发展中时有发生。以废旧电子产品为例，2010年我国废旧电子电器产品年产生量已达300万吨，2015年废旧电子电器产生量将超过600万吨，日益增长的电子废弃物为呼唤着我国静脉产业的发展，如果不能对这些废弃物进行有效处置，将会对环境产生巨大的破坏和资源浪费。如表面光鲜的手机里面包含很多有毒有害的物质，如溴、聚氯乙烯、铅、汞等，一台废旧计算机里面至少含有700多种物质，这700多种物质中至少有一半左右对环境和人体健康是有害的。而我国废旧电子电器产品回收拆解产业才刚刚起步，该行业目前的回收者绝大多数都是小规模的手工作坊，这些手工作坊工艺水平落后，处理设施不完善，目前仍然停留在手工拆解或者半手工半机器拆解阶段，回收者仅仅将其中的一部分分拣出来，他们甚至偷偷排放清洗废水和焚烧其他部分，严重污染土壤、水体，尤其电子产品焚烧产生的化学气体对空气、人体健康造成了严重影响，并最终影响到周边生物的生存，回收者与周边居民因此而发生的纠纷事件在全国各地都随处可见，因回收拆解处理体系不完善产生的二次污染问题严重。

三、静脉产业链回收环节的组织化

我国城市固体废弃物回收环节产生的问题与回收体系不完善有着很大的关系，在当前和今后一段时间，我国应提高废弃物回收组织化程度，建立完善的监控体系，规范回收者行为，为静脉产业的发展提供稳定、可靠的原材料来源。

(一) 组建回收者合作经济组织

现代意义上的合作经济组织最早出现在英国的罗旭戴尔镇（1844年），发达国家有着发达的合作经济组织，虽然这种组织形式广泛地应用于农业领域，是农民联合自强，提高市场经济条件下，机器大工业竞争能力的组织载体，发达国家农业发展的经验表明，合作经济组织是农民"自组织"，是走向联合自强的桥梁，有效地增加了农民收入，增强了农业的竞争力。

将合作经济组织这一载体引入废弃物回收领域，巴西已经在该方面做了有益的探索和尝试。基于我国城市固体废弃物回收领域的低组织化的发展现状，在回收环节引入合作经济组织，能够提高我国城市固体废弃物回收效率与效益。

首先，合作经济组织是实现弱者联合的重要组织载体。我国城市固体废弃物的回收者无论是从他们的社会地位还是收入状况，是不折不扣的弱者，他们有联合自强的愿望和内在的心理诉求。

其次，合作经济组织有利于实现纵向一体化。静脉产业链的运行本身就包括回收、拆解、物流配送、最终处理，再到再生资源与产品形成的一条纵向的产业链，这条产业链要求产业链的各个环节的经济主体能够建立稳定的产业联系，形成密切的上游、中游、下游的各个环节的合作关系，回收环节作为静脉产业链的上游，将回收者组织起来，有利于整条静脉产业链稳定产业关系的确立。

最后，合作经济组织能够实现对成员的自我管理。如前文所述，在我国城市固体废弃物回收领域，回收者的分散与小规模的存在，不仅增加了静脉产业链下游其他经济主体与回收者之间的市场交易成本，他们的随意丢弃行为产生的二次污染，造成的环境危害与资源浪费十分严重,政府对这种分散的回收者监管困难,而且成本也很高,实际上,我国对城市固体废弃物回收者几乎就没有管理。而建立回收者合作经济组织可以将对分散的数量众多的回收者的监管变成对有限数量回收者合作经济组织的管理,管理的宽度降低了,管理的效率自然就提高了,从而有利于规范回收者的行为,减少他们随意丢弃带来的环境问题及行为失范带来的社会问题;同时,对于产业链下游的经济主体减少了交易的频率,节省了交易成本,从而能够提高静脉产业链的增值能力,对于静脉产业链稳定发展提供了帮助。

(二) 形成回收者与产业链其他环节之间的稳定关系

建立回收者与下游处理企业、上游的生产企业关系,实现产业共生。在我国城市固体废弃物回收领域,回收者分散性使得他们与生产企业、居民及下游的处理企业之间的关系较为松散,产业链不同环节的联系不密切。因此,应鼓励生产企业、处理企业与回收者之间建立稳定的关系,利用企业的生产经营活动来将回收环节组织起来,从而提高我国城市固体废弃物处理产业的回收环节低组织化状况,提高整个产业链的运行效率,从而能够实现整体静脉产业链的稳定运行和健康发展,实现回收者、处理企业与生产企业的利益增值。

(三) 建立社区回收网络体系

对于城市居民而言,他们多数居住在社区,而常见跳蚤市场的数量和分布在城市的不均衡,就造成大部分城市居民如果将废旧物质运入跳蚤市场所产生的时间成本和运输成本就会较高,有时甚至超过了废旧物质本身的价值,居民将废旧物质卖到跳蚤市场成为一笔不划算的生意,因此他们会将穿戴垃圾、废纸等容易资源化的废旧物质丢弃到垃圾桶,而将一些废旧家具、电器等卖给回收者。从对一些城市社区的垃圾桶内的成分进行调查,笔者发现桶内除了常见的厨余垃圾以外,其中还包括许多有用的消费品的外包装、衣物、玻璃、木材等废旧物质,由于我国城市的生活垃圾使用袋装化,这些物质被市民用垃圾袋装在一起丢在垃圾桶内,而大多数城市的垃圾桶基本上就包括两个部分:一是可回收物质;二是不可回收物质。有些城市的社区甚至连这种最基本的分类都没有,只是一个不带盖的垃圾桶,这样不仅造成了分拣困难,也增加了政府处理生活垃圾的成本,造成了资源浪费。因此,为了节约市民处理废旧物质的成本,减轻政府处理生活垃圾的负担,应建立社区回收网络体系,将市民产生的城市固体废弃物尽可能的就地处理。

(四)推动联合回收,形成回收网络体系

城市固体废弃物具有量大和分散的特点,只有通过联合发展,实现集中回收,才能形成规模优势。首先,在我国城市固体废弃物回收环节分散的回收者,可以利用他们在回收中的特殊作用,把个体回收者纳入回收市场体系管理的范围,形成网点回收与个体流动回收相结合的回收网络。其次,发展逆向物流,强化生产者责任,建立由生产者主导的回收网络体系。逆向物流(Reverse Logistics)这个概念最早出现在美国,是指再生资源、废品处置、危险材料等物质的流动[1]。该形式被广泛利用,常见的模

---

[1] Stock J. R. Reverse Logistics [M]. Oak Brook IL: Council of Logistics Management, 1992: 77-80.

式有：制造商直接回收处理（MCD）模式、销售商回收转交制造商处理（RCMD）模式、生产相同产品或者相似产品的同行业企业进行合作，以合资等形式建立联合体负责回收处理（PCD）[①]模式，以及制造商向第三方支付一定费用，而第三方承诺制造商的产品在寿命结束后会得到环保化处理的第三方负责回收处理（TCD）等模式是常见的逆向物流模式。这些逆向物流的模式遵循了经济合作与发展组织（1972）提出的"污染者付费"原则，体现了生产者责任延伸制度在废弃物管理领域的具体应用，要求企业能够对产生的废弃物进行系统管理，把废弃物的最终排放量控制在最小的限度，对于减少政府处理的负担，实现废弃物的再利用与再循环，起到重要作用。再次，以行业协会为纽带，逐步实现回收利用行业的联合，规范行业经营行为和市场秩序。我国上海等发达城市，行业协会已经开始对个体废弃物回收者进行组织，回收者个人也乐于加入行业协会，依靠协会组织管理分散的回收者，既是我国城市固体废弃物回收组织提升的重要路径，也是规范静脉产业链的回收环节的市场秩序，实现有序竞争，发挥协会在行业自律、自强方面重要作用的重要载体之一。最后，企业联合建立回收网络体系。企业之间的联合不仅可以在城市固体回收企业之间进行，也可以再生产企业、生产企业与回收企业之间建立这种联合的关系。生产企业，尤其是产品性能相近的企业，可以联合出资，建立共用的回收系统；回收企业之间，通过联合，提升回收组织化程度，提升各自企业的力量，从而增加在产业链系统中的地位，实现联合自强；生产企业与回收企业之间

---

① 程广平，刘威. 企业逆向物流模式的综合评价研究 [J]. 统计与决策，2007 (6)：150 - 152.

的联合能够形成稳定的产业联系,对于废弃物回收效率的提升无疑具有重要意义。

第二节 我国静脉产业链运行的中间环节

静脉产业链运行的中间环节包括拆解、分拣与物流配送等环节,是衔接回收与最终处理的中间环节。该环节的运行效率与组织化程度对于最终处理的效率和整个静脉产业链运行的效率有着重要的影响,中间环节运行不畅,势必会影响城市固体废弃物的回收与最终资源化处理的效益。因此,构建中国现代静脉产业运行体系,需要理清中间环节的关系。

一、分拣、分类与拆解

从发达国家静脉产业发展的经验来看,都十分强调在源头进行分拣与分类,这样能够减少产业链的环节,提高运行效率和最终处理的效果。而我国城市固体废弃物在源头上缺乏分类与分拣,在我国城市固体处理产业中的许多行业,通常情况下回收者也是分拣者与分类者、拆解者、运输者。产业链内部缺乏专业化的分工与协作,造成了我国静脉产业链运行的低效。

城市固体废弃物的种类繁多,来源分散。由于我国在废弃物分类方面的教育与宣传力度不够,这些废弃物包括生产领域的废料、报废的半成品和产成品、流通领域中产生的包装物和退货,以及消费领域中产生的生活垃圾等,它们经常混杂在一起,分拣的难度极大。造成了回收利用率低及严重的资源浪费与环境污染。所以，当前在我国城市固体废弃物回收领域应从源头通过广泛、深入的环境教育，促使排放者在废弃物排放之前，就对废弃物进行科学分类与分拣，从源头做好废弃物的分拣与分类工作。一方面，能够提高回收利用的效率，提高资源循环使用率；另一方面，源头的分拣可以节约大量的中间处理成本。这方面，日本、英国等发达国家的经验值得借鉴。在英国的生活垃圾管理中，要求每个家庭必须将垃圾进行分类，分别倒入至少5个不同的垃圾箱，玻璃、塑料、废纸、易拉罐和厨余垃圾必须分别存放和倾倒，没有遵守规定的家庭将被处以罚款；日本对于没有进行科学分类的生活垃圾，回收系统拒绝回收。这些做法都有效地促进了城市固体废弃物的分拣与分类，对于提高静脉产业链的运行效率和废弃物的资源化率，具有重要地推动作用。

对固体废弃物进行科学分类是提高回收利用率的前提条件，分类是分拣的结果。以我国生活垃圾分类为例，生活垃圾一般可分为四大类：可回收垃圾、厨余垃圾、有害垃圾和其他垃圾。1992年，我国颁布的《城市市容和环境卫生管理条例》中要求："对城市生活废弃物应当逐步做到分类收集、运输和处理，城市环卫部门负责实施和管理"。2000年，全国8个城市被列为垃圾分类收集试点城市，2008年北京市呼吁市民"树立垃圾分类好习惯"，为迎接奥运，建设绿色北京做贡献。但是这些努力并没有转化成全国性的行动，我国生活垃圾在源头上分类的不足，致使政府处理时用振动筛，"筛上物"拿去焚烧，"筛下物"进入填埋场，生活垃圾资源化利用率很低。对城市固体废弃物进行科学分类进行大力宣传，深入而广泛的环境教育，以及严格的法律法规的约束，才能做到将废弃物进行科学分类，提高最终处理的效率与城市固体废弃物的资源化率。

拆解是对城市固体废弃物中的特定类别的废弃物进行拆解，分拣出其中的有毒有害物质与能够循环利用的成分。如对废旧家具、电子垃圾、家用电器、报废的工业机器、报废的汽车等。我国是电子产品生产和消费大国，据估计，我国每年约有400多万台电视机、500多万台洗衣机、500多万台冰箱、600多万台计算机及3000万部手机进入淘汰期，随着人民生活水平的提高和消费结构的升级，电子废弃物的产生量还将大幅度上升。由于我国一些地区使用原始落后的方式拆解电子废弃物，处置不当、利用率低，致使造成了严重的环境污染。国家环保总局于2008年实施了《电子废物污染环境防治管理办法》，依据2005年实施的《固体废物污染环境防治法》，对于电子废弃物的拆解、利用、处置等行为进行了规制，建立了电子废弃物产生者交付责任制度、拆解利用处置单位日常监测和经营情况记录簿制度、技术规范和监督抽查、处罚制度、电子类危险废物的管理制度，将电子废弃物的拆解利用处置的活动纳入法制化轨道。而对报废汽车的拆解和管理也于2002年建立了《报废汽车回收管理办法》，规定了报废汽车拆解主要由报废企业进行负责，管理办法的重点放在防止报废汽车流入市场上，而对报废汽车的拆解与粉碎等方面的规制还需继续加强。至于我国城市固体废弃物的其他领域，如家具行业，也有类似的规定。但是在实践中政策并没有产生预期的效果，我国城市固体废弃物处理产业不仅在源头控制上落后于发达国家，在分类、分拣及拆解等中间处理环节的产业化程度与发达国家相比，也有很大的差距。

二、物流与存储

物流是商品使用价值实体空间位置的移动。我国国标对废弃

第四章　我国静脉产业链运行体系

物物流（waste material logistics）的界定是："将失去原有使用价值的商品，根据实际需要进行收集、分类、加工、包装、搬运、储存等，并分送到专门场所时所形成的物品实体流动。"由于城市固体废弃物的来源十分分散，从回收到最终处理之间的物流与存储环节对于城市固体废弃物处理效率与产业链运行效率的提升意义重大。

近年来，随着我国对城市固体废弃物处理产业的重视，越来越多的城市固体废弃物进入了政府处理系统，以城市生活垃圾为例，生活垃圾的清运量，最近几年一直处于上升中，反映了我国在城市生活垃圾处理方面的能力增强，城市生活垃圾基本告别了随意丢弃的状况（如图4-2所示）。

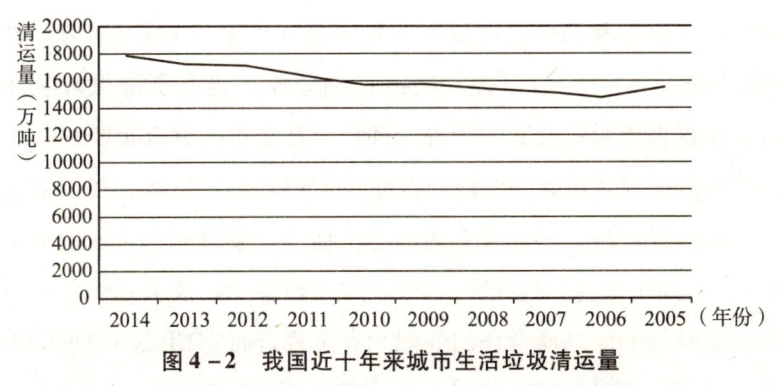

图4-2　我国近十年来城市生活垃圾清运量

资料来源：根据中国统计年鉴（2006~2015年）相关数据整理而得。

我国对城市固体废弃物的物流与存储方面的管理特别强调对工业企业和事业单位危险废弃物管理，而对于一般废弃物工业废弃物与生活垃圾方面的管理还缺乏严格的规范。如前文所述，由于我国的城市固体废弃物在源头上分拣与分类不细，危险废弃物常与一般废弃物混杂在一起。以生活垃圾处理产业为例，一枚用过的 7 号干电池可以污染 1 平方米的土壤，而居民通常是将用过的电子与其他生活垃圾混在一起装入垃圾袋，倒入垃圾桶，而通过物流系统进入生活垃圾处理的中转站时，分拣也不是十分彻底，导致了城市固体废弃物中有害物质与有用物质混杂在一起；低度污染的废弃物与重度污染的废弃物混在一起，相互影响，造成了最终处理环节分拣困难，资源的循环利用率低。另外，我国城市固体废弃物物流与存储环节的企业介入不够，大部分是由政府的环卫部门负责，市场结构具有明显的垄断特征。从发达国家的静脉产业发展的经验来看，引入市场化运作的机制，鼓励更多的私人企业进入，是提高废弃物处理效率的行之有效的办法。然而，由于废弃物的存储与物流需要有专门的运输设备与存储设备，前期的投入比较大，投资回报的周期较长，所以要给私人企业以优惠政策和补贴，让私人资本看到加入这一领域是有着广阔的发展前景的。这对于提高物流存储效率，提升资源循环利用率，实现城市固体废弃物管理的环境与社会目标具有重要意义。

在城市固体废弃物物流与存储环节引入私人资本，需要对这些企业加强管理，如在废弃物的运输环节，要对私人企业的运输路线、运输时间等信息进行采集，加强监控；在废弃物的储存方面，要对他们的存储设备的性能和安全性进行定期或不定期的检测，以符合环保设计的要求，保证安全性。

三、静脉产业链中间运行环节的优化

本书将静脉产业链的中间运行环节分为分类、分拣、拆解、物流与储存，是指废弃物产生后经过回收进入最终处理环节要经历的过程。中间环节运行效率，决定了回收环节与最终环节的效率与废弃物最终资源化率，因此对中间运行环节的管理方案的设计对于促进我国静脉产业的发展具有重要意义。

（一）兼顾生产者责任与生产利益

要提高静脉产业链中间环节的运行效率，生产者责任对于提高废弃物中间运行环节的效率和资源回收率具有重要作用。部分生产者有自己特有的物流运输系统，或委托第三方的换货与退货系统，对于城市固体废弃物中的废旧物质的回收再利用具有方便、快捷的优点，有效地减少废旧物质进入废弃物处理系统，减轻政府处理负担，提高资源使用效率具有重要作用。通过生产者进行拆解、分类，将废旧物质中的有用成分投入到产品的生产中，具有降低生产者成本的作用。如前文所述，城市固体废弃物处理是政府理应向社会提供的公共物品，生产者通过逆向物流系统回收、运输、存储、拆解废旧物质事实上是履行了政府的部分公共职能，所以在理清静脉产业链运行的中间环节时，应将生产者责任与生产者利益统筹考虑，给予生产补贴，提高生产参与废弃物拆解、分类等处理环节的积极性。

（二）加强对中间环节监督和管理

拆解环节时城市固体废弃物资源化处理的重要环节。我国拆解行业技术装备落后，专业化分工程度较低，通常情况下，回收者也是拆解者，为了规范城市固体废弃物的拆解，我国于2008年实施了《电子废物污染环境防治管理办法》，对于技术、设备和工艺落后的拆解者和拆解企业禁止处理电子废弃物；我国的《报废汽车回收管理办法》中对报废汽车的回收、拆解等环节都进行了严格的规定，对于违法从事报废汽车回收拆解行为的和对未经注册取得营业执照的非法从事报废机动车回收活动的经营企业，按照有关规定予以查封、取缔，严厉惩处非法买卖报废汽车。应该说，上述相关的规定，对于部分城市固体废弃物产业链的健康运行起到了规范作用，对于减少回收、拆解等环节环境污染和提高城市固体废弃物的利用效率发挥了重要作用。

虽然我国对城市固体废弃物的部分行业出台了相关的政策规定，从目前的规定或管理办法来看，这些规定行业涉及面还远远不够，非法拆解、拆解产生的环境污染问题层出不穷，大部分城市固体废弃物的拆解仍然处于放任状态。随着社会经济的发展和人民消费水平的提高，新型的产业形态不断涌现，城市固体废弃物的成分也越来越复杂。所以，政府应出台更多的行业规范，对各类城市固体废弃物处理都有法律或管理上的规定，这对于规范我国城市固体废弃物处理产业的健康发展和静脉产业链的健康运行无疑能够起到积极的作用。

（三）鼓励中间环节的技术创新

提高废弃物处理中间环节的技术装备水平，是提升废弃物产业链运行效率的重要措施。因此，应鼓励静脉产业领域的技术创新，将现代科学技术应用到该领域。近年来，我国在提高再生资源回收利用效率的技术上取得了很大成绩，但总体来看，我国静脉产业技术水平与发达国家相比还有较大差距。设立并管理好企业创新基金，给予企业技术上创新的支持与扶植，提高静脉产业的技术创新能力，尤其注重现代信息技术在分拣、运输、存储中的应用，建立完善的废弃物管理的信息技术系统，对废弃物处理的全过程进行监控；同时建立企业之间的信息交互系统，及时向社会发布有关的技术、管理和政策等方面的信息，开展信息咨询、技术推广和培训，突破信息瓶颈对静脉产业发展的制约。发展绿色再制造技术及降低再利用成本的技术，积极引进国外的核心技术与装备等。

第三节 我国静脉产业链最终处理环节

城市固体废弃物经过回收、分拣、拆解、运输与存储之后就进入了最终处理环节，该环节是静脉产业链运行的终端，是实现城市固体废弃物资源化、无害化与循环在利用的关键环节。从两大类城市固体废弃物—生活垃圾与工业固体废弃物的最终处理结果来看，目前，我国最终处理环节还存在无序竞争、行业垄断特征明显等问题。

一、城市工业固体废弃物最终处理状况

20世纪的下半叶，主要发达国家提高了静脉产业发展的重视程度，出台了一系列政策来促进城市固体废弃物的发展（该部分的内容将在本书的第六章有较为详细的阐述），政策上的重视和实践中的成功引起了学者们的重视，如1998年《Money World》杂志提出了"垃圾变黄金"的专题讨论，提到未来世界废弃物处理产业有着广阔的发展前景，垃圾处理产业会取代黄金与黑金（石油），成为对投资者最有吸引力的行业之一。我国城市固体废弃物处理虽然起步较早，但是由于我国产业结构特点和人口密度大等方面的原因，使得我国城市固体废弃物处理产业发展不能满足废弃物资源化的环境、经济与社会要求。从产业链的

最终处理环节来看，我国每年大约有1亿吨的城市固体废弃物被丢弃，浪费了大量的社会资源，带来了严重的环境问题。最近几年来，我国提高了对城市固体废弃物处理行业的重视，城市固体废弃物处理产业取得了快速发展，如表4-2所示。

表4-2　　　　中国一般工业固体废弃物2005~2014年处理情况

单位：万吨

年份	工业废物产生量	工业废物综合利用量	工业废物贮存量	工业废物处置量	工业废物倾倒丢弃量
2005	134449	76993	27876	31259	1655
2006	151541	92601	22399	42883	1302
2007	175632	110311	24119	41350	1197
2008	190127	123482	21883	48291	782
2009	203943	138186	20929	47487	710
2010	240944	161772	23918	57264	498
2011	322772	195215	70465	60377	433
2012	329044	202462	70745	59786	144
2013	327702	205916	82969	42634	129
2014	325620	204330	45033	80387	59

资料来源：根据2006~2015年的中国统计年鉴相关数据进行整理。
注：2011年以后，国家并未统计"三废综合利用产值"。

从表4-2的数据可以看出，2005~2014年我国城市一般工业废弃物处理产业的发展状况。一般工业固体废弃物的产生量不断增加，有文献表明城市工业固体废弃物的产生量与城市居民的人均收入水平之间有着一定的线性关系[1]（李金惠，王伟，王洪涛，2006），十年间增加了将近一倍，说明随着社会经济的发展，

---

[1] 李金惠，王伟，王洪涛. 城市生活垃圾规划与管理[M]. 北京：中国环境科学出版社，2006.

第四章 我国静脉产业链运行体系

我国城市工业固体废弃物的产生量会逐渐增多，废弃物处理产业面临着越来越大的机遇与挑战；综合利用率不断增加，表明了我国城市工业固体废弃物综合利用水平、经济效益快速提升。综合利用量的提升带来了贮存量的不断下降和排放量的减少，但是从贮存量的数值来看，每年都在2亿吨以上，反映了工业固体废弃物的存量压力仍然很大，在我国统计口径中将排放量定义为指报告期内企业将所产生的固体废物排到固体废物污染防治设施、场所以外的数量，不包括矿山开采的剥离废石和掘进废石（煤矸石和呈酸性或碱性的废石除外），类似于生活垃圾领域统计的非法丢弃的情况，这一指标下降的速度很快，我国对城市固体废弃物管理与资源化取得了成效。

从目前我国工业固体废弃物产生的行业来源来看，处于前七位的行业主要是一些煤矿、金属及化工制造加工行业，如图4-3所示。这些行业具有对原生资源高度依赖的特征，是工业固体废弃物污染的主要来源，应加强对上述行业的管理与规范，从源头减少这些行业城市固体工业废弃物排放，并加快转变我国产业结构，改变依靠能源与资源高投入换取经济发展的不可持续性发展模式。

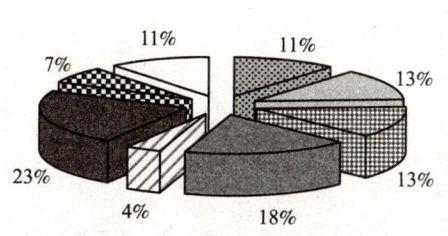

图4-3 我国工业固体废物产生主要行业（2014年）

资料来源：根据中国产业竞争情报网汇总整理而得。

从我国城市工业固体废弃物综合利用率的省际差异来看，经济发达的地区，综合利用率相对要高一些，2014年我国城市工业固体废弃物综合利用率达到63%，高于全国平均水平的省份基本上集中在东部地区，排名前10的依次为北京、天津、江苏、山东、上海、浙江及广东等地，说明城市工业固体废弃物综合利用率与经济发展水平有着密切的联系（如图4-4所示）。

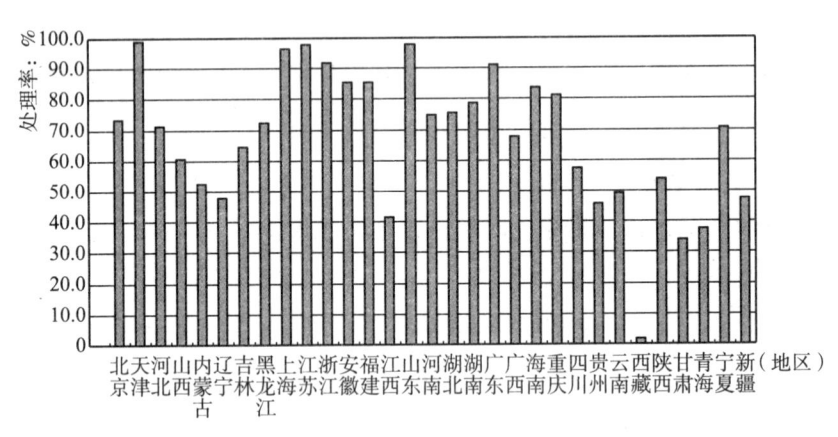

图4-4 2014年我国工业固体废物综合利用率

资料来源：根据中国统计年鉴（2015）相关数据整理而得。

二、城市工业固体废弃物处理效率评价

（一）数据包络分析（DEA）

该方法最初于1978年由查尔斯（A. Charnes）和库珀（W. W. Cooper）等人创建的，是针对多个输入，多个输出的决策单位（DMU）间的相对有效性的一种评价方法[①]。DEA包括CCR、BBC、

---

① A. Charnes, W. W. Cooper. Some Models for Estimating Technical and Scale Inefficiencies in Data Envelopment Analysis [J]. Management Science, 1984, 30 (9): 1078-1092.

第四章 我国静脉产业链运行体系

WINDOW 等模型。这里构建的是 DEA – CCR 输入模型（$(C^2R)^1$）。

DEA 方法的基本原理是：设有 n 个决策单元 DMU_j（j = 1, 2, …, n）。

其中投入向量为 $X_j = (x_{1j}, x_{2j}, …, x_{mj})^T > 0$，产出向量为：$Y_j = (y_{1j}, y_{2j}, …, y_{sj})^T > 0$，j = 1, …, n。由于在运行过程中各决策单位的作用不同，因此要对各决策单位进行评价，给投入、产出设定权重分别为 $v = (v_1, v_2, …, v_m)^T$ 和 $u = (u_1, u_2, …, u_s)^T$，即有：$\theta_j = \dfrac{u^T Y_j}{v^T X_j} = \dfrac{\sum_{r=1}^{s} u_r y_{rj}}{\sum_{i=1}^{m} v_i x_{ij}}$，（j = 1, 2, …, n）（第 j 个决策单元 DMU_j 的效率评价指数）

如果想了解某个决策单元在 n 个决策单元中相对效率是否有最优，此时得考查可以考察 u^0 和 v^0 的变化。

若 $(C^2R)^1$ 的最优解为 u、v，使得效率指数

$$\theta_j = \dfrac{u^T Y_j}{v^T X_j} = 1$$ （此时 DMU – j 为弱 DEA 有效）

若 $(C^2R)^1$ 的最优解为 u、v，使得效率指数

$$\theta_j = \dfrac{u^T Y_j}{v^T X_j} = 1$$ （并且 u > 0，v > 0，此时 DMU – j 为 DEA 有效[①]）

（二）我国城市固体废弃物处理效率省域差异

根据中国统计年鉴（2015）的关于城市一般工业废弃物产生量，政府在治理固体废弃物上的投资额为投入指标，工业固体废

[①] 魏权龄. 评价相对有效性的数据包络分析模型 [M]. 北京：中国人民大学出版社，2012.

弃物综合利用量为产出指标，选取全国的 30 个行政单位（因新疆的投资额数据缺失而没有选入），运用 DEAP2.1 软件，进行数据包络分析，对我国不同行政单位的工业废弃物的综合利用进行效率评价，评价结果如表 4-3 所示。

表 4-3　我国工业废弃物处理的投资效率及规模报酬

地区	PE	TE	SE	地区	PE	TE	SE
安徽	0.845	1.000	0.845	辽宁	0.394	1.000	0.394
北京	0.689	1.000	0.689	内蒙古	0.601	0.933	0.644
福建	0.706	0.713	0.991	宁夏	0.634	0.751	0.844
甘肃	0.530	0.954	0.556	青海	0.584	0.680	0.860
广东	0.904	0.914	0.989	山东	0.965	1.000	0.965
广西	0.597	0.663	0.901	山西	0.593	0.924	0.642
贵州	0.540	0.552	0.979	陕西	0.620	0.655	0.946
海南	0.492	1.000	0.492	上海	1.000	1.000	1.000
河北	0.432	1.000	0.432	四川	0.490	0.599	0.818
河南	0.779	1.000	0.779	天津	1.000	1.000	1.000
黑龙江	0.712	0.907	0.785	西藏	0.027	1.000	0.027
湖北	0.817	0.827	0.988	云南	0.521	0.699	0.745
湖南	0.692	0.717	0.964	浙江	0.952	0.995	0.958
吉林	0.610	0.682	0.895	重庆	0.805	0.810	0.994
江苏	0.986	1.000	0.986	江西	0.574	0.659	0.871

　　从技术效率来看，天津、上海等市的值为 1，说明技术有效，这与两市近年来在治理城市固体废弃物中的高度重视有关；其他行政单位效率值小于 1，属于技术无效，30 个行政单位的技术效率平均值为 67%；而全国有 12 个行政区划单位低于平均值，这些行政区划单位多分布在中西部地区，说明了这些地区的城市一

般工业固体废弃物综合利用的效率亟须提高。

从纯技术效率来看，全国 30 个行政单位平均值为 0.854，总体上还是比较满意的。其中，北京、安徽、海南、河南、河北、天津、上海、辽宁、西藏等行政单位的值为 1。但是，也有许多行政单位的纯技术效率低于全国平均水平，反映了我国城市一般工业固体废弃物综合利用效率存在着较大的省域差异。从规模报酬来看，全国的平均值为 0.799，其中天津、上海的值为 1，说明两市达到了最优规模。

三、城市生活垃圾最终处理情况

（一）我国城市生活垃圾处理概况

城市固体废弃物中另一类是生活垃圾，生活垃圾处理产业链包括垃圾的收集、中转运输和处理处置等主要环节。生活垃圾处理行业在我国的起步较晚，20 世纪 80 年代，我国许多城市仍是进行简单堆放处理生活垃圾，带来了一系列的环境卫生问题，当时资源化处理的方式基本上就是采用堆肥的方式，循环利用率很低。1991 年，我国出台了《关于加强城市垃圾处理科学技术工作的几点意见》，明确了生活垃圾处理的资源化、减量化与无害化原则，提出应以堆肥处理为主，有条件的地方发展焚烧与综合利用的处理方向。1996~2001 年，我国对生活垃圾处理设施、收集运输及关键处理技术方面进行投资，提高了生活垃圾处理的技术装备，对环卫产业的发展也起到了极大地推动作用。21 世纪以来，国家对生活垃圾处理产业的重视程度不断提高，积极发展焚烧与综合利用技术，加快了对生活垃圾的填埋场建设，对生活垃圾资源化、无害化与减量化的处理起到了重大地推动作用。

近年来,随着我国对城市固体废弃物处理产业的高度重视,尤其提高了对生活垃圾处理的重视,出台了一系列针对生活垃圾处理的优惠政策,吸引了部分投资者的进入,大大地提高了我国城市生活垃圾的无害化处理,而用来衡量无害化处理水平的无害化处理率、无害化处理厂的数目也不断得到提升。如表4-4所示。

表4-4 我国城市生活垃圾最终处理情况（2007~2014年）

年份	清运量（万吨）	无害化处理厂数（座）	无害化处理量（万吨）				无害化处理率（%）
			处理量	卫生填埋	其他	焚烧	
2007	15214.5	460	9437.7	7632.7	250.0	1435.1	62.0
2008	15437.7	509	10306.6	8424.0	174.0	1569.7	66.8
2009	15733.7	567	11232.3	8898.6	178.8	2022.0	71.4
2010	15804.8	628	12317.8	9598.3	180.8	2316.7	77.9
2011	16395.3	677	13089.6	10063.7	426.6	2599.3	79.7
2012	17080.9	701	14489.5	10512.5	393.0	3584.1	84.8
2013	17238.6	765	15394.0	10492.7	267.6	4633.7	89.3
2014	17860.0	818	16394.0	10744.3	319.6	5329.9	91.8

资料来源:根据2008~2015年的中国统计年鉴整理而得。

从表4-4的数据可以看出,我国城市生活垃圾处理产业的发展状况。生活垃圾清运量逐步提高,表明了我国产生的城市生活垃圾得到了有效地处理,越来越多的生活垃圾进入了处理系统,随意丢弃行为逐步减少;垃圾处理厂数目持续增加,反映了我国增加了对城市生活垃圾处理的资产投资,这是提高生活垃圾处理水平的基础;无害化处理量和处理率的增长,反映了我国处理生活垃圾的环境目标逐步得到实现,从无害化处理内部的实现方式看,填埋的比例仍然很高,每年超过了70%,填埋不仅占

第四章 我国静脉产业链运行体系

用了大量的土地资源，而且生活垃圾的许多成分会产生渗漏，污染地下水。实际上，填埋是将当代人处理生活垃圾的责任转嫁给了后代；堆肥是我国生活垃圾处理最早采用的方式之一，由于垃圾焚烧技术的发展，以及垃圾发电带来的巨大收益，焚烧一度成为生活垃圾处理的重要方式，而垃圾焚烧带来的气体污染问题引起了广泛关注。因此，我国在2011年减少了焚烧处理生活垃圾的数量，而提倡采用堆肥的方式，最近几年来，采用这种方式处理生活垃圾的数量在逐步增加。

从我国生活垃圾处理的省域差异来看，生活垃圾处理水平与经济发展水平有着密切的联系。图4-5显示了我国城市生活垃圾无害化处理率的省域差异。其中天津无害化处理率达到100%，重庆、北京、浙江、广西、福建、江苏、山东、海南、陕西等地的无害化处理率均超过了90%，上述地区可以分为两类，一类是经济发达地区，如北京、江苏、山东等地；另一类是广西、陕西等欠发达地区，反映了城市生活垃圾无害化处理水平与经济发展水平、地方政府重视程度有着很大的关系。

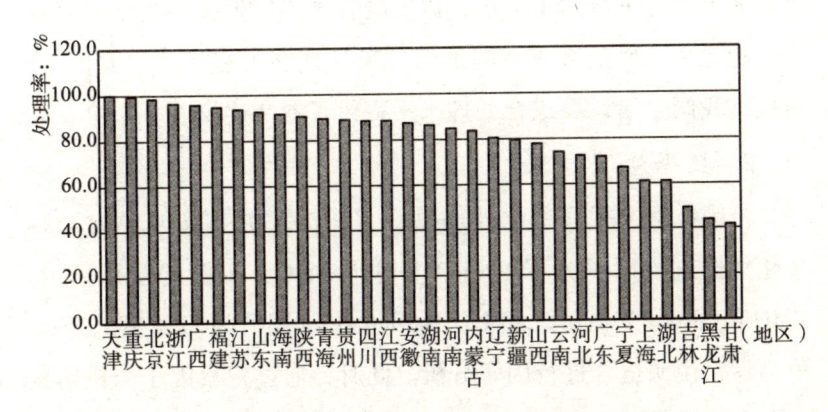

图4-5 2014年我国城市生活垃圾无害化处理率

资料来源：根据中国统计年鉴（2015）相关数据进行整理。

(二) 我国生活垃圾处理的省区差异

1. 指标选取

本书选取全国 28 个行政单位,因海南、西藏与青海数据缺失而没有选入,并选择作为生活垃圾综合处理水平的七个主要指标:生活垃圾清运总量(X_1),反映了一个地区生活垃圾处理能力的总体能力;无害化处理工厂数量(X_2),反映了各地政府在生活垃圾处理设施方面的建设情况,在一定程度上反映生活垃圾处理的能力;无害化处理能力(X_3),是指通过卫生填埋、焚烧和堆肥及再资源化处理能力;无害化处理量(X_4),是指无害处理的数量,反映生活垃圾处理的绝对数量;除此之外,还包括粪便清运量(X_5)、粪便无害化处理量(X_6),以及生活垃圾无害化处理率(X_7)。上述指标均为正向指标,除了无害化处理工厂数量(X_2)的单位用(个),生活垃圾无害化处理率(X_7)用百分比来表示外,其余指标的单位均为(万吨),利用SPSS软件对上述七个指标进行因子分析,以反映我国不同地区的生活垃圾综合处理能力。研究造成不同地区垃圾处理能力差异的主要因素,为提高我国生活垃圾综合处理水平提供了参考建议。

2. 数据处理过程

原始数据进行标准化处理以后,首先,利用SPSS软件对标准化数据进行因子分析。KMO和球形Bartlett检验的结果显示:KMO值为0.630>0.5,球形Bartlett统计量值为181.595,Sig.值为零,说明适合进行因子分析。同时,通过观察因子分析得到的七个指标的共同度,可知七个指标绝大部分信息都能通过公共因子表示出来,从侧面反映出因子分析效果较好。

其次，因子数量的确定。根据解释方差总和的实证结果可知：提取特征根大于1的因子，而前3个因子的累积方差贡献率达到92.219，因此提取3个因子已经能较好地描述原始数据的信息，如表4-5所示。

表4-5　　　　　　　　总方差贡献率解释

Component	Total	% of Variance
1	4.111	58.724
2	1.321	18.876
3	1.023	14.618

再次，因子命名。由于初始因子载荷矩阵的各个因子在原始变量上的载荷值都相差不大，造成因子含义不太好解释。因此，通过方差最大旋转法进行因子旋转解决以上问题，旋转后的因子载荷矩阵，见表4-6所示。

表4-6　　　　　　　　旋转后的因子载荷矩阵

	Component		
	1	2	3
$Z(X_1)$	0.898	0.297	-0.232
$Z(X_2)$	0.878	0.054	0.317
$Z(X_3)$	0.949	0.156	0.209
$Z(X_4)$	0.922	0.290	0.168
$Z(X_5)$	0.238	0.899	-0.150
$Z(X_6)$	0.157	0.889	0.239
$Z(X_7)$	0.177	0.051	0.953

由因子载荷矩阵可以看出，第一个公共因子在无害化处理能力、无害化处理量等方面解释较强，这与处理能力有关，故命名为生活垃圾处理能力优势因子；第二个公共因子在粪便清运量、粪便无害化处理量等方面解释较强，反映了一个地区在生活垃圾处理粪便的方面的差异，命名为粪便处理优势因子；第三个公共因子在生活垃圾无害化处理率、无害化处理厂数等方面解释较强，说明了不同地区处理生活垃圾设施的差异，命名为处理的设施优势因子。

最后，计算因子综合得分。由相关系数矩阵计算出公共因子得分，再根据每个公共因子对方差贡献率计算因子综合得分，用下述公式计算综合因子得分。

$$F = \frac{\lambda_1}{\lambda_1+\lambda_2+\lambda_3}F_1 + \frac{\lambda_2}{\lambda_1+\lambda_2+\lambda_3}F_2 + \frac{\lambda_3}{\lambda_1+\lambda_2+\lambda_3}F_3$$

并依据公共因子和综合得分将样本进行排名，如表4-7所示。

表4-7　　各地区的公共因子得分与综合因子得分排序

地区	F_1	F_2	F_3	F	综合排名
广东	3.09351	-0.06302	-1.37953	1.738356	1
山东	1.85973	0.10919	1.03254	1.370291	2
浙江	1.87530	-0.35410	1.20775	1.313149	3
江苏	1.49283	0.82044	1.00620	1.278061	4
北京	-0.61387	3.32185	1.45084	0.519017	5
河南	0.88824	-0.73645	0.24274	0.453362	6
四川	0.48816	-0.62872	0.60845	0.278615	7
河北	-0.19340	1.77578	-0.50372	0.160479	8
上海	-0.18082	1.38698	-0.28486	0.123599	9
辽宁	0.09414	0.61045	-0.91255	0.040247	10

续表

地区	F_1	F_2	F_3	F	综合排名
福建	-0.14819	-0.77094	1.02232	-0.090120	11
黑龙江	0.14091	0.90664	-2.36884	-0.100190	12
湖北	0.34357	-0.94978	-0.84556	-0.109660	13
内蒙古	-0.70467	1.07528	0.21864	-0.193970	14
湖南	-0.18324	-0.52902	-0.07131	-0.236270	15
山西	-0.20327	-0.45133	-0.43570	-0.290890	16
安徽	-0.29250	-0.49156	-0.52731	-0.370470	17
广西	-0.55350	-0.75057	0.82868	-0.374740	18
重庆	-0.79685	-0.23430	1.07535	-0.384930	19
云南	-0.62384	-0.46802	0.58570	-0.400210	20
陕西	-0.41715	-0.70369	-0.03033	-0.414480	21
江西	-0.63590	-0.48428	0.56217	-0.414950	22
吉林	-0.61041	0.78390	-1.51942	-0.469100	23
天津	-0.99912	-0.18545	1.22819	-0.479510	24
贵州	-0.75483	-0.85854	0.61165	-0.559450	25
新疆	-0.50995	-0.93857	-0.33237	-0.569530	26
甘肃	-0.70778	-0.49823	-1.47065	-0.785810	27
宁夏	-1.14711	-0.69395	-0.99906	-1.030880	28

3. 处理结果分析

从 F_1 的得分来看，处于前列的几个省区，广东、山东、浙江、江苏等省经济发展水平、城市化水平较高，人口数量多，人口密度大，生活垃圾产生的数量大，处理量也大，处理能力较强。

从 F_2 的得分来看，北京、上海、内蒙古等地得分较高，上述地区在生活垃圾中的粪便处理上有较为明显的优势，北京、上海是我国人口密度最大的城市，生活粪便产生量大，粪便处理能力相比其他地区更有优势,内蒙古是我国的重要的牧区,牲畜饲养量大,畜禽粪便多,所以内蒙古在粪便处理上也有着较为突出的优势。

从 F_3 的得分来看,天津、重庆、北京等直辖市得分较高,居民的生活垃圾中,说明了上述地区在生活垃圾处理体系构建较为完整,从垃圾产生的源头到垃圾回收再利用等环节的设施较为完备;上述直辖市在垃圾处理厂、卫生填埋场建设等方面已经走在了全国的前列,垃圾焚烧及回收利用技术也处于领先水平。

从综合得分来看,处于前三位的是广东、山东和浙江,处于后三位的是新疆、甘肃和宁夏,共有十个地区得分为正值,四个地区的得分低于 -0.5,从得分为正值地区来看,它们的经济发展水平相对较高,而得分较低的几个省份的经济发展水平也相应比较落后,说明了生活垃圾综合处理水平与经济发展水平有一定的相关关系。

(三) 实证研究

本书运用线性模型进行实证研究,将无害化处理率 y 作为因变量,人均 GDPx 作为自变量,具体形式如:y = ax + b,其中 y 为无害化处理率,x 表示 GDP,运用 EVIEWS6.0 软件,数据来源于中国统计年鉴(2014),采用加权最小二乘法,对上述模型进行回归估计,回归结果如下:

$$y = 62.64 + 4.479x$$

(10.95) (5.47)

$$R^2 = 0.53$$

从回归结果可以看出,拟合优度较好,方程和回归系数都比较显著,因此可以判定该模型具有一定的经济意义。通过上述回归方程进行分析，可以得出以下结论：人均国民收入对生活垃圾无害化处理率有着显著影响，人均 GDP 每增加 1 个单位，生活无害化处理率则增加 4.479 个单位，可以看出人均 GDP 在生活垃圾无害化处理中的主要作用。

当然，影响生活垃圾无害化处理率的因素很多，受数据限制，暂未考察其他变量。从生活垃圾处理率较高的省市的实践来看，完善的生活垃圾管理制度，环境领域的投资，基础设施建设的完善，环境教育的普及，以及居民的环保意识对生活垃圾处理水平的提高都有着一定的影响。

（四）静脉产业链最终处理环节的组织调整

我国城市固体废弃物处理产业具有高度垄断的特征，这种特征在生活垃圾处理领域表现得最为明显，目前我国生活垃圾处理的各个环节基本上是由政府负责，行业市场化程度不高，缺乏足够的活力。

我国城市固体废弃物处理产业起步较晚，行业的市场化程度与产业化程度不高，虽然在固体废弃物的回收领域市场结构呈现出类似于完全竞争的特点，但是在产业链运行的最终处理环节则表现出垄断的市场结构特征，竞争者的数量有限，由于我国城市生活垃圾主要采用填埋的方式来处理，新兴的堆肥、焚烧处理在我国发展的较晚，而焚烧需要有专门的设备，这些设备的前期投入较大，投资回报周期长，政府的补贴又十分有限，因此对企业而言缺乏足够的吸引力；堆肥处理工艺相对简单，但是大规模堆肥产生的资源，为这些资源寻求市场的成本也很高，所以目前这两种处理生活垃圾的方式企业进入不足，基本上是由政府包办。以企业组织形态参与的处理环节，主要在回收领域，回收者通过简单的分拣与拆解，获取生活垃圾中有用的成分和容易资源化的部分，其余部分大部分还是进入了政府回收系统或者随意丢弃，带来了严重的环境问题与资源浪费。总体来说，我国城市固体废弃物处理产业还处于初期发展阶段，市场缺乏足够的竞争，对企业的吸引力不足，市场结构中还带有明显的垄断特征。如生活垃圾处理产业，仅有金州环境、光大国际、天津泰达、首创集团、上海环投等少数企业；堆肥领域，也仅有桑德环境等少数企业规模较大。政府与企业之间的关系主要采用BOT模式，政府授权运营企业特许经营，企业的收入来源为垃圾处理费（向政府收取）和上网售电电费（向电网收取）。

我国城市固体废弃物最终处理环节的垄断特征与回收环节的竞争特点，造成了静脉产业结构不合理，影响着静脉产业链的运行效率，从纵向的产业链角度来看，这些经济主体之间存在着交易、合作与利益共享等关系。要形成稳定的产业链，不仅要求产业链本身具有增值能力，能够让参与产业链各个环节获得自身的经济利益，同时它们之间要有合理的利益分享机制，但是由于静脉产业链各个环节之间经济主体本身实力的差异，这种合作必然是不稳定的，产业链各个环节之间的利益共享机制难以长期维系，静脉产业发展缓慢。

因此，要对我国静脉产业组织规模进行调整，坚持市场化方向，引入竞争机制，鼓励企业进入。企业是市场的主体，尤其要鼓励大企业的进入，提高静脉产业最终处理环节的市场化程度，降低垄断，打破限制企业进入的行政性壁垒；同时利用企业整合产业链其他环节的经济主体，形成纵向一体化。在回收领域，提高组织化程度，将分散的回收主体集中起来，给整个产业链提供稳定的原材料。

第四节　静脉产业链体系的共生

产业链运行的各个环节要相互协调，具有较高的运行效率和较强的价值增值能力，才能实现城市固体废弃物资源化处理率的提高。回收环节、中间处理环节与最终处理环节之间要形成合理地的分工与合作的关系，以达到各个环节的经济主体共生共荣。

一、产业链内部诸环节的共生

共生（symbiosis）的概念来自于生物学，最早是由德贝里（Anton de Bary）提出的，他认为共生是指"不同种属在一定时期内按某种物质联系而生活在一起"。[1] 在德贝里的论述中共生体现的是一种合作关系；瑞德·利弗塞特（Reid Lifset）认为：工业共生不仅是关于共处企业之间的废物交换，而且是一种全面合作[2]。经济学上使用共生的概念是特指经济主体之间存续性的物质联系，这种物质联系在抽象意义上就表现为共生单元之间在一定共生环境中按某种共生模式形成的关系（袁纯清，1998）[3]。而产业共生则是由产业链联系性的内因驱动和产业链增值性的外因诱导而产生的经济现象[4]，是

---

[1] Paine R T. Food Web Complexity and Species Diversity [J]. American National, 1966, 100 (1): 65-75.

[2] Lifset R. Industrial Metaphor, a Field, and a Journal [J]. Journal of Industrial Ecol, 1997, 1 (1): 1-3.

[3] 袁纯清. 共生理论——兼论小型经济 [M]. 北京：经济科学出版社，1998：7-10.

[4] 胡晓鹏. 产业共生：理论界定及其内在机理 [J]. 中国工业经济，2008 (9): 118-120.

指在分工不断深化的推动下，同类产业的不同价值模块和不同类产业所出现的融合、互动、协调的发展状态。

城市固体废弃物具有其独特的特点。一是成分复杂，其物理性状（体积、流动性、均匀性、粉碎程度、水分、热值等）也千变万化。二是污染具有综合性，固体废弃物对环境产业污染的同时，也伴随着水污染及大气污染问题。三是受到重视最晚，在固、液、气三种形态的污染（固体污染、水污染、大气污染）中，固体废弃物的污染问题较之大气、水污染是最后引起人们注意的，也是最少得到人们重视的污染问题。四是最贴近的环境问题，固体废物问题，以城市生活垃圾为例，可以说每个人的每次消费活动都伴随着生活垃圾的产生，与每个人息息相关，所以它又是最贴近我们的环境问题。

城市固体废弃物自身的特点决定了静脉产业链不能被简化为某种单一的形态。成分的复杂性决定了不同的城市固体废弃物资源化实现的技术线路不同，其经济效益与环境效益也有着很大的差别，这就需要静脉产业对其有不同的处理方式。如电子废弃物可以将其进行拆解，将价值不同的金属和原材料进行分类，有毒有害的物质进行专门管理；生活垃圾进行了分拣后，可以选择堆肥、发电等路径实现其资源化，这种不同的处理方式，不同规模和技术含量经济主体在不同的处理方式上有独特的优势。废弃物最贴生活的特点，表明了废弃物来源分散广泛，单一的组织形态无法及时地、有效地、经济地将废弃物送往最终处理现场等。

在我国城市固体废弃物处理领域，有独立的、技术含量低的"回收游击队"和大量的原始手工拆解、清洗、分拣作坊；有依托现代物流和先进技术的企业自建的回收和处理系统，也有着零散的，不成规模的小型处理企业；技术含量高的企业与缺乏技术含量的企业。将产业共生的思想引入我国城市固体废弃物处理领域，为静脉产业链诸环节之间关系优化提供了重要启示。在技术密集型企业与劳动密集型企业之间，前者进行了最终处理，形成再生资源与产品；后者进行回收、运输、拆解等对技术要求不高的产业链环节。在大小企业关系上，形成专业化分工与一体化发展的格局。鼓励大企业实行一体化经营，获取规模经济与范围经济，小企业走专业化、特色化的成长道路，作为大企业的市场补缺者的角色出现，小企业也可以作为大企业某个环节而存在，或与大企业之间签订长期合作的合同关系；在企业与个体回收者之间的关系上，回收者与小企业之间形成长期的合同关系，甚至可以成为企业临时雇员，来提高产业链联系的紧密程度和稳定性，从而能够使产业链中的大企业获得长期稳定的原材料供应，而小企业与个体回收者也可以依托大企业抗御市场风险能力强的优势，得以在产业链内长期生存与发展。这样不同规模、不同组织形态的产业主体之间通过共生形成合理的关系，保证了产业链的有序、稳定的运行和价值增值。

二、产业链与生产企业的共生

要提高静脉产业链的运行效率，促进静脉产业的发展，不仅要在产业链内部诸环节之间形成合理的分工与合作关系，还要与生产企业之间形成共生关系。

生产企业是城市固体废弃物产生的重要来源之一，同时，也是再生资源主要的市场需求者，生产企业与废弃物资源化处理企业之间有着密切的联系，它们之间可以按照共生关系形成利益共同体，废弃物处理企业通过市场交易的方式获取生产企业的废弃物，然后进行加工处理成再生资源，销售给生产企业。这样既达到了及时快捷处理生产企业的废弃物的效果，也实现了再生资源的市场化，两类企业在共生系统中都得到了好处。

随着生产企业规模的扩大和一体化经营战略的实施，许多生产企业自建废弃物回收系统，我国也对企业自建的废弃物回收系统做出了法律规定，2015年正式实施《中华人民共和国固体废物污染环境防治法》的第三章第一节第十七条规定："收集、贮存、运输、利用、处置固体废物的单位和个人，必须采取防扬散、防流失、防渗漏或者其他防止污染环境的措施；不得擅自倾倒、堆放、丢弃、遗撒固体废物。"而在第十九条进一步指出："生产、销售、进口依法被列入强制回收目录的产品和包装物的企业，必须按照国家有关规定对该产品和包装物进行回收。"等，都要求生产企业对自己产生的废弃物赋有处理的义务，这对于强化生产者责任，实现废弃物就地处理，减少废弃物在中间环节滞留的时间，减少随意排放行为对环境造成的恶劣影响等方面都有着重要意义。生产企业既使能够通过企业内部进行废弃物资源化处理，但是在现有的技术水平下，废弃物资源化处理率也很难达到100%；尤其对于一些中小企业而言，其产生的废弃物的数量有限，由生产企业对自己产生的废弃物进行处理，往往会出现规模不经济的状况。因此，需要形成专业化的废弃物处理企业，将一个城市乃至更大空间范围内的同类企业产生的废弃物借助现代物流机构集中起来，由废弃物处理企业对废弃物进行资源化处理，形成生产企业与废弃物处理企业之间的共生机制。

第五章

我国静脉产业城市布局体系

从第三章对静脉产业内处理企业的成本结构划分来看，决定废弃物处理企业的成本还包括营销成本、市场交易成本等市场实现成本。要提高废弃物处理企业产生再生资源对原生资源的取代，需要降低这类成本。本章将从静脉产业在城市布局的角度，基于生态文明与生态城市建设的背景与目标，通过静脉产业园区的集聚功能和废弃物交易平台等交易枢纽的作用，将分散的产业链各个环节的经济主体有机连接起来。这对于节约废弃物处理企业的市场实现成本，提高废弃物处理产业的效益与效率有着重要的意义。

第一节 生态文明与生态城市

生态文明是工业文明发展到一定阶段，人类社会对工业文明带来的资源枯竭与环境污染问题反思的结果，是工业文明与生态环境相协调的人类社会发展新阶段。处理城市固体废弃物，布局城市静脉产业，要以生态文明为目标，以生态城市建设为手段，坚持将城市经济发展与城市环境保护协调起来。

一、生态文明

工业革命以来，人类社会在经济快速发展中创造了越来越丰富的物质财富，在物质文明快速发展中，生态环境问题也日益成为困扰人类社会可持续发展的重要问题。早在19世纪末期，乔治·马奇曾经指出警示人类，若地球"毁灭"、物种消亡，必是人类对自然"犯罪"的结果。然而，他的警示并没有引起人类的高度重视。20世纪60年代，美国的蕾切尔·卡逊更是"歇斯底里"警告人类，自然环境将遭遇破坏产生的严重后果，卡逊也一度被骂成"疯子"。然而，人类长期对自然环境无节制的索取，遭到了自然的惩罚，20世纪60年代以来，环境危机四起，给人类社会的发展带来了不可估量的损失，同时也促使人类思量如何在经济发展中保护人类赖以存在的自然环境。联合国和各国政府开始逐步制定环境保护的政策、法规，理论界开始探讨实现经济发展与环境保护兼得的发展之路。因此，生态文明的提法应运而生，并逐步得到了广泛传播。我国于2007年在党的十七大报告中首次提出了"生态文明建设"的方针，2012年在党的十八大报告中将生态文明建设与经济建设、政治建设、文化建设、社会建设一起，列入"五位一体"总体布局"，表明了生态文明建设在我国的重视程度已经超越单纯的环境保护与节能减排，而是将其上升到实现人与自然和谐共生、提升社会文明水平的高度，必将引领我国产业结构的良性变迁，提升我国经济社会发展的质量与内涵。

生态文明是迄今为止人类社会最高层次的文明形态，沿着人类社会文明史发展的历史轨迹，人类社会的发展经历了农业文明、工业文明与生态文明三个不同发展阶段，较之农业文明时代，环境能够通过自然的循环与交换实现自净；工业文明则是"向自然宣战"，将人类的经济利益放在首要地位，环境是人类攫取资源、排泄废弃物的"垃圾桶"，其结果将人类社会发展引入死胡同，最终必将受到自然惩罚；而生态文明是对工业文明的一种"扬弃"，它并不排斥工业文明给人类社会带来的经济发展与福利的提升，只是主张在经济发展中注重生态环境保护，不要以牺牲生态环境为代价来换取人类社会一时发展，要更加关注经济发展的长期性与可持续性。

二、生态城市

2010年的上海世博会以"和谐城市"、"城市，让生活更美好"为主题，然而，令人遗憾的是，随着城市人口的增加和规模的扩张，城市面临着越来越严峻的问题，大气污染、水污染、固体废弃物污染等问题正在影响着市民的生活质量，"城市让生活更美好"成为一个日益沉重的话题，我国城市环境问题越来越突出。近年来，我国城市化发展速度加快，据中科院发布报告称我国城市化率到2011年已经达到了51.3%，而2000年这一指标为36.2%，十多年间，将2亿左右的农村人口市民化，相当于每年我国新建了一个1800万人口的特大城市，在城市化快速推进的过程中，城市环境质量建设却没能与城市化的发展速度同步，导致了越来越严重的城市环境问题，甚至我国许多城市很难发现一片绿地，在全国600多座城市中，有近2/3的城市被垃圾包围。因此，建立"生态城市"应成为我国城市发展的基本导向，具有迫切性。"生态城市"的概念是在随着人与自然之间关系认识的不断深化中提出的,从生态经济学的角度来看,生态城市要求城市能够在实现经济持续增长与环境保护兼容,保证经济发展数量的同时,还要保证环境的质量。这就需要建立适应生态支承载力的产业结构、能源结构,尤其是绿色节能能源的推广和普及。

1970年,联合国教科文组织首次提出"生态城市"的概念,这个概念充分体现了人们面对日益严峻的生态环境形势,思考城市怎样永续发展的问题,也引起了理论界与政策当局的高度重视。生态城市建设的热潮在世界各地涌动,如巴西的库里蒂巴、美国的伯克利、瑞典的马尔默、新加坡城等已经成为全球闻名的生态城市,它们在土地利用模式、交通运输方式、社区管理模式、城市空间绿化等方面已经为现代城市的发展提供了可供参考的模板。1986年我国江西省宜春市在我国首次提出建设生态城市发展目标,生态城市建设的步伐也逐步加快,从1996~2013年,我国共批复5批生态模范城市,共55个生态城市(含市、县、城区)。

三、静脉产业与二者的关系

生态文明与生态城市建设在理论上早已超越了固体废弃物处理的范畴,但是在实践中,城市固体废弃物污染却是阻碍生态文明与生态城市建设的主要障碍之一。一方面,因为固体废弃物处理受到的重视程度比较晚,从前文的叙述中可以看出,城市固体废弃物处理在发达国家得到普遍重视也是20世纪60年代以后的事情;而在我国受到的重视虽然与发达国家在时间上相比,并不比它们落后,但是在重视程度与普遍性方面却有着较大的差距。

另一方面，城市固体废弃物的处理水平的提升是复杂的技术、经济和道德过程。城市固体废弃物本身的成分就十分复杂，对其进行处理需要更多的技术创新与技术支持，目前广泛采用的焚烧与卫生填埋的处理方式在理论上与实践上都已经被证明了存在着诸多弊端，需要技术变革来尽可能减少这两种处理方式的不足之处，以达到城市固体废弃物处理的环境与经济上的要求；城市固体废弃物处理水平与废弃物所在的城市的环境教育水平、经济发展程度有着密切的关系，从上一章我国城市生活垃圾处理率与城市工业垃圾处理水平可以清楚地看到这一点，环境库茨涅茨曲线也揭示了这种动态变化的规律，经济发展初期，由于工业化的水平不高，人类的经济活动对环境的破坏有限；随着社会经济发展和科学技术的进步，人类有了更多的改造自然的办法，经济对环境破坏进程加剧；到了经济发展水平较高的阶段，产业结构实现了升级，高污染、高能耗产业在产业结构中所占的比重下降，与此同时，人类有了更多的经济能力来改善环境质量。城市固体废弃物处理也是一个社会过程，反映了社会各个阶层对环境质量的不同诉求，同时也是衡量一个社会文明程度的重要标志之一。

城市固体废弃物处理产业是生态城市与生态文明建设的重要支撑产业。现代城市的发展给城市生态带来了不堪重负的环境压力，尤其是固体废弃物的不科学的处理方式带来的城市污染问题尤为严重，因此建立生态城市与生态文明，就要从根本上解决城市固体废弃物污染问题，固废领域的发展战略应与生态文明建设契合，城市生活垃圾处理应成为建设美丽中国的重要抓手。从我国2008年确立的生态城市评价指标体系中也可以看出这一点，如表5-1所示。

表 5-1　　我国生态城市建设的指标体系

	名称	单位	指标	说明
经济发展	农民年人均纯收入	元/人		约束性指标
	经济发达地区		≥8000	
	经济欠发达地区		≥6000	
	第三产业占 GDP 比例	%	≥40	参考性指标
	单位 GDP 能耗	吨标煤/万元	≤0.9	约束性指标
	单位工业增加值新鲜水耗	立方米/万元	≤20	约束性指标
	农业灌溉水有效利用系数		≥0.55	
	应当实施强制性清洁生产企业通过验收的比例	%	100	约束性指标
生态环境保护	森林覆盖率	%		约束性指标
	山区		≥70	
	丘陵区		≥40	
	平原地区		≥15	
	高寒区或草原区林草覆盖率		≥85	
	受保护地区占国土面积比例	%	≥17	约束性指标
	空气环境质量	—	达到功能区标准	约束性指标
	水环境质量	—	达到功能区标准，且城市无劣Ⅴ类水体	约束性指标
	近岸海域水环境质量			
	主要污染物排放强度	千克/万元(GDP)	<4.0	约束性指标
	化学需氧量（COD）		<5.0	
	二氧化硫（SO_2）		不超过国家总量控制指标	
	集中式饮用水源水质达标率	%	100	约束性指标
	城市污水集中处理率	%	≥85	约束性指标
	工业用水重复率		≥80	
	噪声环境质量	—	达到功能区标准	约束性指标

第五章 我国静脉产业城市布局体系

续表

名称		单位	指标	说明
生态环境保护	城镇生活垃圾无害化处理率	%	≥90	约束性指标
	工业固体废物处置利用率		≥90	
			无危险废物排放	
	城镇人均公共绿地面积	平方米/人	≥11	约束性指标
	环境保护投资占 GDP 的比重	%	≥3.5	约束性指标
社会进步	城市化水平	%	≥55	参考性指标
	采暖地区集中供热普及率	%	≥65	参考性指标
	公众对环境的满意率	%	>90	参考性指标

资料来源：中华人民共和国环境保护部官方网站：http://datacenter.mep.gov.cn.

在我国生态城市建立的指标体系中，主要从经济、环境与社会三个维度对生态城市的内涵进行界定，而城市固体废弃物处理无疑居于这一评价指标体系的重要地位。废弃物处理产业是一个蕴含了无限商机的新兴产业，它的大力发展对于城市就业、城市经济结构的转型、市民收入水平的提升都有着重要的作用。同时城市固体废弃物对于城市的生态有着广泛而深远的影响，它不仅仅只是固体废弃物非法排放和不合理的处理方式带来的固体污染，对城市的气体与水环境也有着广泛而深远的影响，如固体废弃物处理产生的烟尘及采用焚烧等处理方式产生的有毒有害气体，对城市的空气质量有着重要的影响；许多城市固体废弃物排入水体，尤其是一些含有化学成分的固体废弃物、危险废弃物排入水体，对城市水环境和整个城市的生态圈都有着不可估量的损害，当城市固体废弃物采用填埋的方式进行处理时，还会污染地下水，可以说城市固体废弃物处理不仅仅是一个产业的经济问题，更是诸多环境与生态问题产生的根源。城市市容的整洁程度，市民环境保护意识及这种意识内化形成的人们卫生习惯，正是一个城市文明的重要标志。因此，要建立生态城市，形成生态文明，就要从根本上解决城市废弃物污染问题，而这一问题的解决，产业化是根本途径。

第二节 静脉产业园区

近年来，我国静脉产业园区得到了蓬勃发展，静脉产业园区充分利用了集聚经济效应，在提高城市固体废弃物资源化处理水平，促进静脉产业发展中发挥了重要作用。本书在考察比较了我国静脉产业园区与国外发展较为成熟园区的经验后，对我国静脉产业园区的发展路径进行了探讨。

一、国外静脉产业园区的发展历程

关于静脉产业园区，目前实践界有不同的表述，如静脉产业园、循环经济产业园、资源回收利用产业园区、资源环保产业园、资源回收利用基地等。虽然称谓不同，但它们所聚集的企业类型却有着相似之处，都是以废弃物资源化处理企业为主体，能够实现经济利益与环境利益的兼容。

20世纪60年代，静脉产业园在国外悄然兴起，丹麦卡伦堡工业共同体是世界上最早的生态工业园区，该园区按照产业共生理论，建立了发电厂、炼油厂、生物工程公司、石膏材料公司等企业间的相互合作的信任关系，并通过市场交易共享水、气、废气、废物等资源，形成包括政府、企业在内的多方利益共享机制。20世纪90年代以来，随着越来越多的国家对静脉产业的重视，静脉产业获得了快速的发展，美国、加拿大、德国、日本等国纷纷建立了静脉产业园区，如美国的弗吉尼亚查尔斯生态工业园、巴尔的摩工业园、新加坡的裕廊化学工业园等，其中日本建设"eco-town"项目成为现代静脉产业园区建设的模板，来自日本的数据显示，到2006年日本已经建成了各种"eco-town"26座，其中以北九州生态城与川崎生态城最为出名[①]。

在静脉产业园区建设过程中，发达国家形成了特色鲜明的发展模式，概括起来主要包括自主共生型产业园、改造型生态产业园、虚拟生态工业园三种模式[②]。具有代表性的自主共生型产业园当属丹麦卡伦堡生态工业园，这种模式是将产业园区内的企业之间形成一条"A企业生产—A企业废弃物—B企业的原材料—B企业的产品"的产业链，通过产业链自身的代谢，从而将每个企业产生废弃物在园区内变成再生资源（产品），最终实现整个生态产业园区废弃物"零排放"的目标，实现了经济与环境的双赢，并强化了企业之间相互信任关系。美国田纳西州的恰塔努加生态工业园则是改造型生态工业园的典型代表，这种类型的生态工业园主要围绕着老工业企业产生的工业废弃物，建立新的产业链和产业系统，让老企业能够实现清洁生产，同时利用老企业的废弃物发展环保产业，从根本上治理环境污染问题，在实践中产生了良好的效果，这种模式对我国静脉产业园区的建设具有很高的参考价值，尤其是对于一些资源型城市产业结构转型升级有着

---

① 王军. 静脉产业论 [M]. 北京：中国时代经济出版社，2011：77-85.
② 鲍立洁. 基于产业生态系统的产业园区建设与发展研究 [D]. 湖北：武汉理工大学，2012：45-50.

借鉴意义。美国的布郎斯生态工业园属于虚拟型生态产业园。这种模式突破了企业在地域上的空间制约，他们之间的联系是通过一系列信息平台，进而能够形成跨越区域的静脉产业园区，相关的企业通过信息平台进行物质与能量的交换，新成员不受地域限制，依据现存的产业链找准定位，参与到产业园区中去，这无疑提高了静脉产业链延伸的灵活性。

二、我国静脉产业园区的发展状况

2006年，我国颁布实施了《静脉产业类生态工业园区标准（试行）》，从经济发展、资源循环与利用、污染控制和园区管理四个方面共20个指标对静脉产业园区建设标准进行了规范，也对静脉产业园区的入园对象、处理类别、产品产出等方面进行了界定[①]。对于我国静脉产业的发展和静脉产业园区规范化建设起到了重要的推动作用，随着国家对静脉产业发展重视程度的不断提高，我国静脉产业园区的建设也渐入高潮。近年来，静脉产业园区的建设取得了巨大的进步，这与我国对静脉产业园区发展的科学管理有着必然的联系。

我国对静脉产业园区管理的依据有两个重要文件：一是国家环保总局环办2003年颁布的"关于限制进口废物审批管理有关问题的通知"，在这份通知中规定了申请废弃物进口许可证企业的资质和类型，除了常见的金属类、塑料类，以及化学残留物等固体废弃物处理企业外，还包括生活垃圾和工业废弃物处理企

---

① 国家环境保护总局. 静脉产业类生态工业园区标准[M]. 北京：中国环境科学出版社，2006.

业，都可以进入静脉产业园区综合化集中发展；第二个依据是看企业获得的包括"国家循环经济试点园区""国家进口废物'圈区管理'""国家循环经济'城市矿产'示范基地"等国家荣誉或资质，对静脉产业园区进行分类[①]。从上述标准出发，我国的静脉产业园区可以分为综合类与专业类两大类别，综合类的静脉产业园区有天津子牙循环经济产业区、青岛新天地静脉产业园、长三角循环经济产业园等；专业性的静脉产业园区有：台州金属资源再生产业基地、鹰潭铜产业循环基地拆解加工区、常州再生资源产业示范基地等，具体如表5-2所示。

表5-2　　　　　我国部分静脉产业园区类型及其分布

园区名称	类型	所在地
天津子牙循环经济产业区	综合类	天津市
青岛新天地静脉产业园	综合类	山东省
长三角循环经济产业园	综合类	江苏省
辽宁静脉产业园	综合类	辽宁省
烟台资源再生加工示范区	综合楼	山东省
湖南汨罗再生资源工业园	专业类（废旧金属）	湖南省
文安东都再生资源环保产业基地	专业类（七类废物）	河北省
辽宁东港再生资源产业园	专业类（七类废物）	辽宁省
台州金属资源再生产业基地	专业类（废旧金属）	浙江省
宁波镇海再生资源加工园区	专业类（废旧金属）	浙江省
北京朝阳循环经济产业园	专业类（生活垃圾）	北京市
常州再生资源产业示范基地	专业类（工业废料的再生）	江苏省

---

① 胡明. 静脉产业园区在我国的发展——以大连静脉产业园区为例 [J]. 城市建设研究，2012（26）：13-17.

续表

园区名称	类型	所在地
中国清远再生资源示范基地	专业类（废五金、铜）	广东省
佛山南海	专业类（再生资源）	广东省
肇庆市亚洲金属资源再生工业基地	专业类（非金属、稀有金属）	广东省
梧州进口再生资源加工园区	专业类（废旧金属再生冶炼）	广西省
湖南郴州有色金属产业园	专业类（有色金属）	湖南省
安徽界首田营循环经济工业区	专业类（铅）	安徽省

资料来源：中华人民共和国环境保护部官方网站，作者进行了适当的整理。

除了上表中列出的已经在实践中运行的静脉产业园区外，我国还有许多省市在正在投产或规划建设静脉产业园区，如福州市将在"十二五"期间建海峡再生资源产业园；西南静脉产业园也将在自贡落户；甚至一些县城也在积极规划建设静脉产业园区。表明了我国静脉产业园区的建设将进入一个全面发展的新阶段，成为我国未来静脉产业发展的主要趋势与动向。

三、我国静脉产业园区建设路径

我国静脉产业园区起步较晚，但发展迅速，在快速发展过程中还出现了许多问题，制约着产业园区功能的发挥。当前我国静脉产业园区在运行中存在的主要问题有盈利模式欠缺、配套设施跟不上、污染防控体系不完善等问题。首先，盈利模式的缺失。目前，我国部分静脉产业园区是少数几家废弃物处理企业的拼凑，企业之间的合作共赢的利益机制尚未完全建立，地方政府在招商引资的过程中，只顾眼前利益，缺乏长期的战略性思考，致使静脉产业链条不完整，产业化规模拓展速度缓慢，盈利模式缺失。其次，污染防控体系不健全。静脉产业园区是废弃物处理企业的集聚，对企业"二次污染"的防控体系不健全。最后，社会化服务体系不健全。由于静脉产业在我国尚属于幼稚产业，还具有典型的劳动密集型特征，信息咨询服务、技术手段，以及社会化、专业化程度低等问题困扰着我国静脉产业园区的快速发展。因此，要推进我国静脉产业园区的健康发展，需要建立完善的静脉产业园区运行体系。

第一，科学规划，有序发展。静脉产业园区是静脉产业的聚集区域，聚集为产业发展带来的好处是吸引企业进驻静脉产业园区的主要原因。而我国静脉产业园区在发展中存在着无序发展的状况。如我国在2009年将节能环保产业作为战略性新兴产业，2010年我国就一次性批准了16个生态工业示范园区建设的项目立项，而2011年、2012年，这一数字分别为10个和6个[①]。虽然静脉产业园区的建设需要政府的参与与推动，但是各个地方政府不能仅仅以国内外的政策导向来作为确立是否建设静脉产业园区的唯一标准，而应从本地静脉产业发展的实际出发，衡量是否有建立静脉产业园区的基本条件和必要性。在我国批准建设的国家级静脉产业园区中，多数集中在经济较为发达的东部地区和省会城市，而一些能源型、资源型城市，城市工业固体废弃物产量较大，环境破坏也很严重，却没有这方面的规划，表明了我国静脉产业园区的建设缺乏整体性、战略性、长远性的规划。静脉产业园区的建设要遵循经济规律、地理自然特色、各地产业结构特点，避免园区结构趋同化，尤其对于一些大城市，在不同的城区

---

① 具体生态工业示范园区的名单见我国环境保护部的官方网站。

都建有静脉产业园区，甚至在一个城区内有多个类似的产业园区，园区与园区之间要有自己的特色，突出专业化，并注重园区之间的协调运行，为处理城市固体废弃物和实现循环经济做出最大贡献。各个园区要依靠自身的优势，在与其他相邻园区竞争中错位发展。如河北文安东都再生资源环保产业基地，与其相邻的是我国北方最大的静脉产业园区——天津子牙循环经济产业区，河北文安东都再生资源环保产业结合当地产业结构特征，依靠劳动、土地等资源上的优势，将废六类、废七类物作为主攻方向，在实践中取得了很好的效果，并获得了国家进口废物"圈区管理"资格。

第二，加快生态工业示范园区建设。生态工业示范园区虽然与静脉产业园区有所区别，从环境和经济意义上来看，两者具有共同之处，都是按照清洁生产要求，遵循环经济理念和工业生态学原理，通过物流或能流传递等方式把不同工厂或企业连接起来，形成共享资源和互换副产品的产业共生组合，生态工业示范园区的建设对于我国静脉产业的发展必将起到重要的推动作用。我国于2001年批准建设了第一个生态工业示范园区：国家生态工业（制糖）示范园区—贵港。近年来，我国生态工业示范园区建设今年来也呈现出快速发展的态势，到目前为止，我国通过审核验收的生态工业示范园区有15家，如表5-3所示。

表5-3　我国通过审核验收的生态工业示范园区名单与区域分布

园区名称	所在地	通过审核验收时间
南京经济技术开发区国家生态工业示范园区	江苏省	2012年
天津滨海高新技术产业开发区华苑科技园国家生态工业示范园区	天津市	2012年

续表

园区名称	所在地	通过审核验收时间
上海漕河泾新兴技术开发区国家生态工业示范园区	上海市	2012年
北京经济技术开发区国家生态工业示范园区	北京市	2011年
广州开发区（含广州经济技术开发区、广州高新技术产业开发区）国家生态工业示范园区	广东省	2011年
上海金桥出口加工区国家生态工业示范园区	上海市	2011年
张家港保税区暨扬子江国际化学工业园国家生态工业示范园区	江苏省	2010年
昆山经济技术开发区国家生态工业示范园区	江苏省	2010年
上海市莘庄工业区国家生态工业示范园区	上海市	2010年
日照经济技术开发区国家生态工业示范园区	山东省	2010年
烟台经济技术开发区国家生态工业示范园区	山东省	2010年
无锡新区国家生态工业示范园区	江苏省	2010年
潍坊滨海经济开发区国家生态工业示范园区	山东省	2008年
天津经济技术开发区国家生态工业示范园区	天津市	2008年
苏州高新技术产业开发区国家生态工业示范园区	江苏省	2008年
合计：15家，其中江苏省5个，山东省3个，上海市3个，天津市2个，北京市1个，广东省1个		

资料来源：中华人民共和国环境保护部官方网站，作者进行了适当的整理。

从已经通过审核验收的生态工业示范园区的区域分布来看，基本上分布在我国经济比较发达的区域，呈现出分布不均匀的现象，尤其是一些能源型与资源型城市还没有建立起生态工业示范园区，相关部门应积极加快生态工业园区建设步伐，环保、商务、科技等部门要形成"合力"，对于中部地区一些能源、资源型城市要给予更多的资金和政策上的支持和技术上的帮助，帮助这些能源型城市建立生态工业示范产业园区，提高这些城市固体废弃物处理水平，促进产业结构的转型与升级，引导城市经济发展模式从外延型增长模式向内涵型发展模式转变。同时，在我国一些静脉产业发展基础较好的城市，按照工业生态学的原理与聚集经济的要求，适时推动静脉产业园区的建设，促进废弃物处理企业向园区聚集，以获得集聚经济产生的外部成本节约，最终实现废弃物"零排放"的目标，从根本上解决我国城市污染的资源、环境与社会问题。

第三，科学引导企业向静脉产业园区集聚。关于集聚经济带来的外部经济性带来的好处，马歇尔有着较为完整的表述，企业为追求外部规模经济而集聚的好处主要有"协同创新环境、专门技能劳动力的需求与供给、辅助性工业的存在、顾客的便利、知识溢出"[1]等。在我国静脉产业园区运行的实践中，存在着"叫好难叫座"的尴尬。静脉产业蕴含着无限的商机和广阔的发展前景，但是有些废弃物处理企业不愿意进驻静脉产业园区，究其原因主要是由于我国废弃物处理产业普遍规模较小、经营分散、工业水平不高，而且主要集中在电子废物、废金属、废塑料和废橡胶等少数行业，其他的废弃物回收利用率较低。而静脉产业发展是需要依靠先进技术的，而且其利润空间主要存在于废物高效、清洁回收和废物排放的最小化上，进驻园区的主要动因在于集聚带来的外部经济性，由于回收、信息交互等渠道不畅，企业进入园区的积极性不高。

因此，企业是静脉产业园区的主体，要促进我国静脉产业园

---

[1] ［英］马歇尔. 经济学原理［M］. 朱志泰，译. 北京：商务印书馆，2010：195－205.

区的建设，就要引导企业进入静脉产业园区。为此，政府应该对进入园区的废弃物处理企业给予优惠政策，各个相关政府部门应联合起来为废弃物企业进驻产业园区提供帮助，提高它们进入园区的积极性。同时做好园区的服务工作，完善相关的基础设施建设；建立完善静脉产业园区的管理体制和信息交流平台，为园区静脉产业链延伸提供良好的外部支持。

第三节 我国城市固体废弃物的交易体系

城市固体废弃物具有产生者与最终处理者分离的特点，当废弃物产生后，从产生地到最终处理场所之间存在着时间和空间的差异，要减少废弃物在产业链滞留的时间，提高产业链运行效率，除了产业链自身要加强各个环节的分工与合作外，还要建立完善的交易平台，以收集发布交易信息，链接产业链不同环节的经济主体；同时，在日常生活中，因为废弃物交易体系的不完善，居民的大量废旧物质并没有实现再使用，而是当作生活垃圾进入了垃圾回收系统，这样不仅增加了政府处理生活垃圾成本，也浪费了大量的社会资源。

一、废弃物交易平台（网络）

建构现代静脉产业布局体系，提高城市固体废弃物处理效率，就需要建立完整的体系将产生的固体废弃物尽快运送到最终处置现场，减少废弃物在中间环节滞留的时间，废弃物的种类繁多，要将不同种类的废弃物送给最合适的处理者。然而，在我国

我国静脉产业体系构建研究

静脉产业发展中，由于废弃物的产生者、排放者与回收者、最终处理者等产业链的其他经济主体之间存在着时空连接的信息不对称，导致许多交易无法及时完成，城市固体废弃物中含有的再生资源成分往往十分复杂，对其经济价值往往难以鉴别，一些工业中的特定的废料，由于无法及时找到回收者，企业只能将这些废料暂时堆积在厂区或者仓库里，占用了大量的仓储空间，带来了一系列安全隐患。废弃物交易平台（网络）的存在能够减少交易次数，降低交易成本，如图5-1所示。

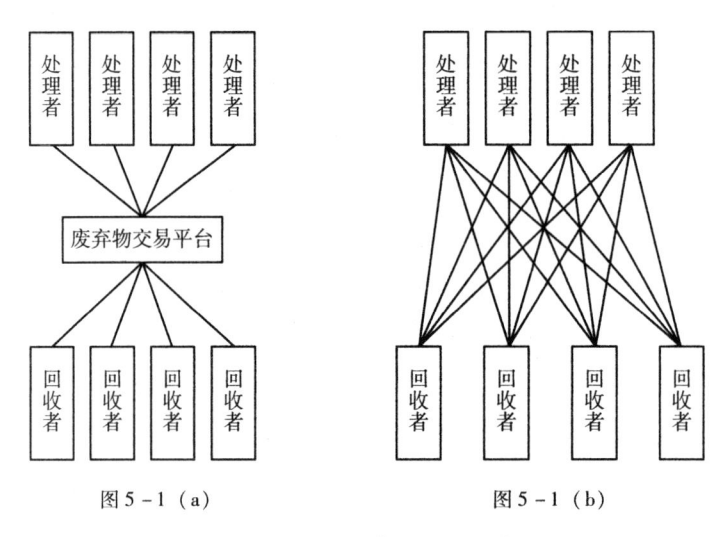

图5-1(a)　　　　　图5-1(b)

图5-1　废弃物交易平台（网络）存在的必要性

图5-1显示了废弃物交易平台（网络）存在的必要性，在存在着4个最终处理者与4个回收者的模型中，交易次数因交易平台的桥梁作用，被大大减少了，在存在废弃物交易平台的a图中，城市废弃物交易平台分别与回收者与最终处理者之间进行交易，市场交易总次数为8次，而在不存在交易平台的b图中，交易次数则多达16次，如果有更多的回收者与最终处理者，交易

次数减少的效果会更为明显，交易频次的降低带来交易成本的节约使产业链运行效率提升，这必然会提高城市固体废弃物处理产业相关经济主体的经济利润，促进城市固体废弃物处理产业的发展。

目前我国部分城市已经开始搭建固体废弃物交易平台（网络），苏州市、东莞市建立了加工贸易废料的交易平台，重庆市的废弃物交易中心也在积极的建设中等。但是，从总体来看，我国绝大多数城市还没有建立类似的废弃物交易的平台（网络），排放者与回收者之间的联系还是靠"面对面"的方式进行交易磋商，交易的信息化程度较低，现代物流、信息系统、虚拟空间交易在整个废弃物交易中所占的比重较小。

因此，在我国城市固体废弃物处理产业发展进程中，要积极推动交易体系建设，将现代商业交易的先进交易方式引入我国的静脉产业领域。建立废弃物交易平台，及时发布市场供求信息，建立交易的网站，鼓励规模较大的企业建立企业网页，在"中国固废网""中国再生资源网"等行业网站上披露行业信息，宣传环境保护理念，以及国家政策、行业实时数据、发展趋势等，为废弃物处理产业提供信息支撑。各个城市等行政区划单位要建立类似的专业性的网络平台，为废弃物处理产业的发展提供本地、相邻地区、全国乃至全球的行业动态和信息，并加强对虚拟交易平台的管理，对进驻交易平台的相关企业进行资质认定，规范虚拟平台的交易秩序，规范交易企业行为，对于违反商业规则等行为建立及时披露等信息化公开制度，为整个产业健康发展提供切实有效地帮助。

除了建立虚拟的交易平台以外，还应该建立相应的实体性的废弃物交易市场，形成废弃物批发、零售等完整的商业产业链。

基于不同种类废弃物的不同特点，决定了城市固体废弃物资源化的路径也各有差异，如废纸进行资源化处理前要对废纸进行收集、打包。目前，我国废纸回收体系不完善，回收网点规模小，废纸从居民到最终用户要经过多次转卖，回收环节多，增加了回收成本，政府对废纸回收的监管不到位，缺乏合理的网点规划布局，企业进入废纸回收行业的壁垒低，大量的小企业甚至是无照经营，市场竞争秩序紊乱，规范的回收、分拣、打包程序和有效的管理机制还不健全，废纸资源化率较低，除了要完善废纸的回收体系以外，还要构建完善的交易体系，建立废弃物交易市场，为企业、事业单位等大量产生废纸的"供给者"提供交易的场所，同时也为废纸处理企业提供信息，节约交易成本，进而提升废纸处理产业的效益。

二、旧货市场（交易中心）

旧货市场或者称旧货交易中心，是指已进入消费领域但仍具有一定使用价值的商品，由于种种原因，从消费领域退出又重返流通领域再次被交换、被买卖、被流通的过程，其流通的目的是再一次进入消费领域①。旧货市场最早起源于法国的19世纪，而我国的旧货市场始建于20世纪90年代，比西方整整落后了一个世纪。不过我国的旧货市场发展迅速，数据显示，2010年年底我国旧货交易额达到了3000亿元，旧货市场5000多个，各类旧货企业5500多家，个体旧货经营门店18000多个，从业人员近

---

① 柳思维. 发展城乡旧货市场，促进循环经济发展的若干思考 [J]. 商业经济文荟，2005（6）：1-5.

500万人，2015年，旧货交易额达7000亿元，年均增长在18%①，将会在我国的社会经济发展，引导科学消费、节约资源等方面发挥越来越重要的作用。

城市固体废弃物中有大量的旧物质，并没有失去使用价值，或者虽有瑕疵，进行简单修理就可以重新获得使用价值，如大量手机（因款式跟不上潮流或者部分零件故障）、电视机等家用电器、旧家居等，如果不及时进行处理，放在家中占用空间，旧物质的所有者就会把这些旧物质送人、当作垃圾卖给废弃物回收者或者直接丢弃到垃圾桶内（边）、流入旧货市场等方式进行处理。在上述处理方式中，流入旧货市场获得一个较高的价值显然是旧物质的所有者最为期望的处理方式。因此，旧货市场（旧货交易中心）建设对于为废弃物中的旧物质寻求资源化处理的路径有着重要作用，无疑能够减少市民丢弃旧物质行为发生，减少静脉产业中间环节和最终处理环节的压力，有利于推动资源再利用，提高资源使用效率，具有很好的经济和社会效益。因此，应加快我国旧货市场建设。

首先，科学制定旧货市场发展规划。旧货市场不仅具有一般市场共同的特征，是商品交换关系的组合，而且还记载着一个城市消费结构、产业结构升级变迁的历程，从旧货中可以看到这个城市过去的产业结构、消费结构，而从现存的产业结构与消费结构中又可以预测旧货市场未来旧货市场的供给结构。所以在旧货市场建设中要立足于产业结构与消费结构的现状，根据产业结构与消费结构未来演变的趋势，将旧货市场的建设与规划纳入城市

---

① 石青辉，肖文金. 基于"两型社会"建设的长株潭地区旧货市场发展模式研究［J］. 湖南商学院学报（双月刊），2012 (3)：11-14.

的发展规划中去，在城市规划中要为旧货市场专门留出建设用地，要进行科学规划，在旧货市场的选址、周边的交通、物流配送，以及信息服务等方面进行统筹安排。

其次，根据城市特色建立不同层次的旧货交易市场。现代城市的发展从外表上看已经没有太大的差异，都是高楼大厦，宽阔的马路，但是每个城市的优势产业与消费文化还是有很大的差异、城市规模也不尽相同。所以，建设城市旧货市场应依据城市的特色，对于北京这样的特大城市，具有经济、文化、政治等多种功能，产业部门比较齐备，则应该建设大型综合性的旧货交易市场；同时，城市各个城区有着不同的产业结构，还要建立一些专业性的旧货市场；而对于一些小的城市，产业结构单一，旧货市场的规模应小一些，更要体现专业性。在建立综合性与专业性旧货市场的同时，还要建设"跳蚤"市场。城市"跳蚤"市场是市民用于调换和处置个人消费品的商品交换场所，对于延长商品的使用周期、提高商品的再使用、促进循环消费模式的形成有着重要意义。可以利用闲置厂院、拆迁空地，开办"跳蚤"市场，为居民群众提供便利的家庭日用品交易场所。一些有条件的城市还可以鼓励有服装、图书、小商品、家电、计算机等商品市场开办专业型"跳蚤"市场，当然也可以将"跳蚤"市场与旧货市场相结合，在旧货市场内开展"跳蚤"市场。

最后，规范废弃物市场交易秩序，进行科学管理。从循环经济理论和资源再使用率提升的视角看旧货交易，对于两者的目标的达成有着重要的推动作用。但是，旧货市场也很容易成为非法销售、假冒伪劣商品销售的场所。所以，需要对旧货市场加强管理，依据商务部1998年出台的《旧货流通管理办法（试行）》，建立和完善部门分工负责、相互配合的管理体制，各个城市可以从本地实际出发，制定相关管理规定，切实保护消费者和经营者合法权益，维护正常的旧货交易秩序，推动旧货业健康发展，为提高城市固体废弃物的在使用率做出贡献。

三、社区废旧物质收购网点

近年来，我国虽然在城市固体废弃物处理行业做了大量的工作，建立了静脉产业园区，废弃物回收中转站、交易平台等，城市固体废弃物处理的运行体系基本建立，但是这些体系似乎与普通市民还有些距离，如废旧物质交易市场，如果市民的居住地距离市场较远，而又没有专门的运输工具，如果雇用物流环节的运输工具，将废旧物质运送到这类市场上，就要付出一笔运输费用，有时甚至废旧物质卖的价钱都不足以支付这笔运费，所以很多市民很难将废旧物质卖到市场上去，日常生活中，每个家庭都会有一些破旧的衣服、不用的电器、家居、自行车等废旧物品，这些物品直接丢弃了舍不得，放在家里占空间，这个成为现代城市家庭的一个烦恼，因此建立完善社区废旧物质收购网点成为解决这一问题的有效途径。

社区回收网点接近居民的住所，市民家中的废旧物品可以直接送到回收站点，回收网点的规模依据社区居民的数量而定，这样就能减少降低居民处理废旧物品的时间成本，提高废旧物品的回收率和再利用率。还能将走街串巷的"回收游击队"收编为社区的基层废品回收员，提高回收环节的组织化程度。

目前，一些城市社区已经建立起了类似的废旧物质回收网点，北京、天津、沈阳等大城市在社区废旧物质回收网点的建设走在全国其他城市的前面。2013年南昌市按照规划城区按每

2500户设一个回收点，每个回收点面积不少于10平方米的规模，打算在全市建设回收点530个，基本覆盖全市90%以上的社区。并计划在2013年年底，利用社区服务网点将分散的回收大军纳入规范化管理，再生资源主要品种回收率达到80%以上，基本消灭了二次污染。此外，上海在建立废旧物资回收网络的同时，还辅之以网上收废新办法，政府开通网上回收平台，居民可以上网上平台发布自己的废旧物品信息，要求回收者或者政府上门收购，所有这些都大大提高了废旧物品的再使用率。

第四节　静脉产业体系在城市的合理布局

以生态城市建设为手段，将城市经济的发展从工业文明转向生态文明，使得城市固体废弃物处理产业的各个组成单元在城市内部与不同的城市之间实现合理的布局，是实现城市固体废弃物减量化、再使用的重要手段，也是提高城市固体废弃物资源化率的重要措施。

一、集聚与分散并存

在城市内部，静脉产业的布局要体现集聚与分散并存的特点。能够集聚的进行集聚，能够分散的则进行分散，体现集聚与分散并存的特征与要求。对于生产工艺，处理对象，顾客特征相近的处理企业，达到一定数量和规模后，鼓励它们进入静脉产业园区进行集聚；而对以专业化程度高，对聚集经济要求不高的处理企业，可以按照市场的原则或接近回收点的原则进行分散；对于不同种类的废弃物,需要深加工、精加工才能产生再生资源,要率先给予技术支撑;而对于仅需要简单处理就能恢复产品本身使用价值的,鼓励它们进入旧货市场进行交易,满足较低消费层次消费者的要求。对于单位质量小、体积小的废弃物鼓励废弃物所有者与最终处理者进行之间交易,如不用的手机等产品;而对于体积大,质量大的废弃物则需要委托物流机构,专业的回收者,经过中间的交易环节进入最终的处理系统。

静脉产业园区具有一般园区聚集经济的外部规模优势的特点,同时也符合静脉产业自身的特点。静脉产业是以城市固体废弃物为处理对象的,废弃物的处理过程和结果都十分复杂,而专业性的废弃物处理设施成本高昂,单个企业短期收益难以弥补成本的付出,对信息平台与专用设施共享性的要求比一般的产业更为强烈,因此建立静脉产业园区是促进静脉产业发展的主要方向与趋势。此外,静脉产业又需要分散化,这源于废弃物来源的广泛性与分散性,因为只要有生产和消费活动的产生就会伴随着废弃物的产生与排放,所以对废弃物的收集,需要分散化,从个人(家庭)、社区、城区、最后到整个城市。在静脉产业发展中,无法要求每家每户都将废弃物送往最终处理系统,需要有分散的收集者。

静脉产业的发展,需要分散化与规模化。对于多数废弃物处理者而言,只有当达到一定规模,才具有经济性经济。如利用生活垃圾发电,目前的技术水平大约100万吨垃圾能够焚烧产生的热量大致能发3000万度电,按照居民用电的价格,也就是1800万元人民币左右的收入,而一个装机容量为百万吨的垃圾发电厂建厂的成本就需要近1亿元人民币,再加上回收成本和其他成本,对规模的要求很高。要求静脉产业不同布局层次之间形成合理的产业关系,充分利用各个经济主体和各种组织形式的优点,形成优势互补,良性互动。从"回收游击队"与政府回收系统、企业自建的回收系统之间的关系来看,回收者可以通过与中间交易环节建立合作关系,利用自身组织成本低、运行灵活、能随时与废弃物排放者产生交易关系的优势,将回收来的废弃物通过交易的方式送给回收点(废弃物交易平台),再由这些部门通过交易的方式进入最终处理系统。交易平台具有减少交易次数和节约成本的优势,从而提高了静脉产业的运行效率。

二、政企协同处理

在政府与企业之间,静脉产业要体现政府协同处理的格局。城市固体废弃物处理具有环境效益,而环境是政府应该向社会提供的公共产品;同时,城市固体废弃物处理行业具有广阔的发展空间,对企业也有着吸引力。但是,由于政府与企业自身的特点和在废弃物处理中的环境诉求不同,它们之间应从事城市固体废弃物处理的不同环节,形成政府与企业协同处理的格局。

政府可以从事大规模投资、短期收益不明显的环境设施建设,如大型的填埋场、焚烧场、废弃物交易平台,以及静脉产业园区的规划与管理。由于我国废弃物处理产业历史变迁的原因和废弃物处理的环境公益性特征,该产业内许多行业的自然垄断特征还比较明显,尤其是最终处理环节,政府在废弃物处理产业中还处于"运动员""裁判员"的双重角色;实际上,世界上其他国家也有类似的特征,甚至在废弃物处理市场比较发达的美国,私营企业在固体废弃物处理领域也只占到了55%,与其他行业不同,静脉产业必须要有政府的参与。废弃物处理伴随着大规模专有设备的投资和场地建设，在城市土地价格日益上涨，组建废弃物处理企业的前期固定成本较高，需要政府给予投资者一定的优惠政策和补贴，鼓励企业进入。

企业可以从事资源化相关领域的城市固体废弃物处理。按照产业链运行环节，从事具体的城市固体废弃物回收、分拣、加工和资源化处理各个环节，以经济利益为导向，将城市固体废弃物资源化处理的相关领域或投入成本相对较低的环节交与企业处理，由于我国目前城市固体废弃物处理技术有限，许多城市固体废弃物还无法实现资源化处理，处理企业也产生了废弃物。所以，在对城市废弃物进行资源化处理的同时，还要对城市固体废弃物进行诸如填埋等无害化处理，这些处理方式应交给政府。形成政府与企业协同处理废弃物的格局。

三、城际特色各异

在区域层面上：建立起相邻城市各具特色的静脉产业结构系统，区域产业结构雷同是不合理重复建设的结果。目前，各个城市都意识到了静脉产业的发展前景和潜在的资源与环境效益，大部分城市在固体废弃物处理领域都进行了相应的设施建设与政策宣传，力求能够从资源约束中找到破解方法，为环境治理寻求产业支撑。但是，静脉产业内行业众多，不同行业短期效益与技术要求是不同的。如废旧物质的回收，其技术要求比较低，而废旧金属的回收可以部分地用手工作坊的形式替代机器大生产，而生活垃圾处理又是各个城市必须做的公益性事业。源于我国静脉产业领域内技术水平与劳动力资源密集性特征，许多城市都在发展的是废旧金属、废弃电子等少数行业的回收、加工与再生，这就形成了静脉产业内部结构在不同的城市之间相似,甚至雷同。如静脉产业较为发达的江苏省,苏南的几个城市都有上千家废旧金属处理产业。按照产业生态结构的内在要求,相邻城市之间应根据各自的优势产业和"优势"废弃物,因地制宜地发展具有本地特色的静脉产业,而不是照搬照抄其他城市静脉产业发展的领域、模式与政策。

因此,在静脉产业布局层面上,国家应运用相关的产业政策,让不同的城市之间形成不同的静脉产业布局体系和各具特色的废弃物处理产业,避免不合理的重复建设带来的行业无序竞争和资源浪费。从我国经济发展的历程来看,其他行业发展经验与教训表明,不合理的重复建设给我国的经济发展和产业布局带来了许多问题,在我国静脉产业发展初期,要避免我国静脉产业的发展走不合理的重复建设的道路,城际之间,要形成特色各异的产业布局形态和静脉产业结构,形成城际间的产业互动,在产业链上相互补短,促进我国静脉产业的健康成长。

第六章

发达国家静脉产业的发展与体系建设经验

在我国，静脉产业的发展先于其在国外的发展。然而，我国计划经济时期，废旧物质的回收与再利用主要依托于供销社系统网络，由政府包办，市场化与产业化发展的程度低，使得我国的静脉产业成长速度慢，对国民经济的贡献远远小于西方发达国家，在静脉产业的立法、管理及环境教育等方面与西方发达国家相比，也有着很大的差距。本章选取美国、日本、欧盟等世界上经济发展水平较高、静脉产业体系建设较为完善与成熟的国家和地区作为研究对象，介绍它们城市固体废弃物处理产业的发展状况，总结它们在发展静脉产业，提高城市固体废弃物的资源化处理水平方面的经验，为发展我国静脉产业，构建具有中国特色的静脉产业体系，提供有价值的参考。

第一节 发达国家静脉产业发展状况

大部分发达国家都十分重视发展静脉产业，实现城市固体废弃物的资源化与产业化处理，并积累了一些成熟的经验，尤其以美国、日本、欧盟各成员国为代表。它们处理城市固体废弃物的许多做法都值得我国借鉴。

一、美国城市固体废弃物处理状况

近年来，发达国家的静脉产业取得了较快发展，该产业已成为全球发展最快的产业之一。相关资料显示，2011年发达国家静脉产业规模达到1.8万亿美元；在今后的30年内，其规模将超过3万亿美元；该产业提供的原料将由目前占总原料的30%提高到80%。静脉产业为缓解人类社会发展进程中面临资源约束、环境恶化问题提供了方案，引起了世界各国的广泛关注，西方主要发达国家和地区对静脉产业的发展都高度重视。

美国十分重视静脉产业的发展，以城市固体废弃物处理产业为例，2010年，美国通过堆肥和回收再利用将8510万吨的城市固体废弃物进行了再修复（recovery），再修复率达到了34.1%，为社会提供了1300兆瓦的能量，相当于节约了2.29亿桶石油，减少了18600万吨的二氧化碳的排放，消解了3600万辆小型汽车排放的温室气体[①]。同年，美国城市固体废弃物的丢弃量为16400万吨，丢弃率为65.9%，在美国的城市固体废弃物的统计口径中，将填埋、焚烧获取能源（combustion with energy recovery）也称"waste to energy"与焚烧后丢弃统计在丢弃（Discard）栏目下，数据显示，美国通过焚烧获得能源的比例为11.7%，除这一数值，美国的实际丢弃率为54.2%，由于美国从20世纪80年代已经建立了对城市固体废弃物实行从"摇篮到坟墓"的管理

---

① 美国环境保护署. 城市固体废弃物产生、回收和处理报告［R］. 2011.

第六章 发达国家静脉产业的发展与体系建设经验

体系,即对城市固体废弃物从其源头的产生、中转及最后的处理进行全过程控制,最终的丢弃是将固体废弃物中的有害物质与有用物质尽可能地筛选出来,进行专门管理和再修复处理。因此,美国城市固体废弃物在丢弃前已经完成了无害化处理,较高的丢弃率并非表示美国城市固体废弃物处理的乏力。

从美国城市固体废弃物处理产业发展的历史来看,呈现出再修复量处于不断上升,而丢弃量则处在不断下降的特点。表6-1显示了美国四十多年来城市固体废弃物各种处理方式中的处理量的变化情况。

表 6-1　　　　美国近年来城市固体废弃物处理情况

单位:百万吨

废弃物量	1970年	1980年	1990年	2000年	2005年	2007年	2008年	2009年	2010年
废弃物总量	121.10	151.60	208.30	242.50	252.70	255.40	251.40	243.70	249.90
回收利用量	8.00	14.50	29.00	53.00	59.30	63.10	61.70	61.50	64.90
堆肥量	—	—	4.20	16.50	20.60	21.70	22.10	20.80	20.20
再修复总量	8.00	14.50	33.20	69.50	79.90	84.80	83.80	82.30	85.10
丢弃量	113.0	137.10	175.10	173.10	172.80	170.60	167.50	161.40	164.70
焚烧量	0.40	2.70	29.70	33.70	31.60	32.00	31.50	29.00	29.30
填埋量	112.60	134.40	145.30	139.40	141.20	138.60	1360	132.40	135.40

资料来源:根据美国环境保护署2011年12月发布的"城市固体废弃物产生、回收和处理报告"和2011年美国统计年鉴的相关数据整理而得。"—"表示小于5000吨。

从表 6-1 中的数据可以看出固体废弃物处理产业在美国发展的基本情况,从再修复量来看,美国城市固体废弃物的再修复量从 1970 年的 800 万吨上升到 2010 年的 8510 万吨,四十多年间上升了 10 倍。

从美国城市固体废弃物的丢弃量的变化来看,近年来美国城市固体废弃物的丢弃量在逐渐减少,1990年美国城市固体废弃物丢弃量为17500万吨,而2010年这一数值减少为16470万吨;由于焚烧过程中会产生大量的有害气体,如不能对这些有害气体进行有效地控制,还会污染环境和大气,给人体健康带来严重的危害。因此,从2007年以来,美国采用焚烧处理城市固体废弃物的方式逐渐减少,2010年的焚烧量为2930万吨,大大低于2000年的3370万吨的水平。

美国静脉产业的发展可以从主要城市固体废弃物的再修复率的提高与丢弃率的降低得到体现,表6-2揭示了美国近四十年来城市固体废弃物的各种处理方式所占比率的变化。

表6-2　　美国城市固体废弃物各种处理方式的比率变化

单位:%

处理率	1970年	1980年	1990年	2000年	2005年	2007年	2008年	2009年	2010年
回收利用率	6.6	9.6	14.0	21.9	23.5	24.7	24.5	25.3	26.0
堆肥率	—	—	2.0	6.7	8.1	8.5	8.8	8.5	8.1
总的再修复率	6.6	9.6	16.0	28.6	31.6	33.2	33.3	33.8	34.1
再修复后的丢弃率	93.4	90.4	84.0	71.4	68.4	66.8	66.7	66.2	65.9
焚烧率	0.3	1.8	14.2	13.9	12.5	12.5	12.6	11.9	11.7
填埋率	93.1	88.6	69.8	57.5	55.9	54.3	54.1	54.3	54.2

资料来源:根据美国环境保护署2011年12月发布的"城市固体废弃物产生、回收和处理报告"和2011年美国统计年鉴的相关数据整理而得。"—"表示小于5000吨。

从表6-2中的数据可以看出美国四十年间城市固体废弃物

第六章 发达国家静脉产业的发展与体系建设经验

各种处理方式在城市固体废弃物处理中所占比例的变化情况。从回收利用率来看,美国城市固体废弃物的回收利用率从1970年的6.6%,上升到2010年的26%,堆肥率从1990年的2%上升到2010年的8.1%,总的再修复率从1970年的6.6%提高到2010年的34.1%。丢弃率则从1970年的93.4%,下降到2010年的65.9%,焚烧率从1970年的0.3%,上升到了2010年11.7%,而填埋率则从1970年的93.1%,下降到2010年的54.2%。再修复率的提高与丢弃率的下降反映了美国城市固体废弃物处理产业的发展水平的提升。

美国静脉产业的发展可以从主要城市固体废弃物的再修复量与比率的提高得到体现。表6-3和图6-4反映了美国四十年间主要城市固体废弃物再修复率的变化情况。

表6-3 美国主要城市固体废弃物再修复量

单位:万吨

再修复量	1970年	1980年	1990年	2000年	2005年	2007年	2008年	2009年	2010年
纸和纸板	677	1174	2023	3756	4196	4448	4294	4250	4457
玻璃	16	75	263	288	259	288	281	300	313
金属	48	122	397	660	700	731	738	733	787
塑料	—	2	37	148	178	211	214	214	255
橡胶和皮革	25	13	37	82	109	114	113	114	117
纺织品	6	16	66	132	184	192	191	191	197
木材	—	—	13	137	183	202	211	220	230
食物残渣	—	—	—	68	69	81	80	85	97
树枝、庭院废弃物	—	—	420	1577	1986	2090	2130	1990	1920
其他	30	50	110	1743	2176	2295	2340	2260	2158

资料来源:根据美国环境保护署2011年12月发布的"城市固体废弃物产生、回收和处理报告"和2011年美国统计年鉴的相关数据整理而得。"—"表示小于5000吨。

我国静脉产业体系构建研究

从表 6-3 中的数据可以看出美国主要城市固体废弃物的再修复情况。废纸和纸板从 1970 年的 677 万吨提高到 2010 年的 4457 万吨,增长了 5.58 倍,玻璃与金属分别增长了 18.5 倍与 15.3 倍,塑料的增长率最高,达到了 126 倍,纺织品增长率为 31.8 倍,其他的如木材、食物残渣等也有不同程度的增长,表明了美国主要城市固体废弃物再修复水平的不断提升,城市固体废弃物的修复为社会节约了大量的资源,为美国社会经济发展做出了重大贡献。

美国静脉产业的发展也可以从部分城市固体废弃物的再修复率的发展水平得以体现。2010 年美国部分城市固体废弃物的再修复率已经达到较高的水平,图 6-1 揭示了美国 2010 年部分城市固体废弃物的再修复率的情况。

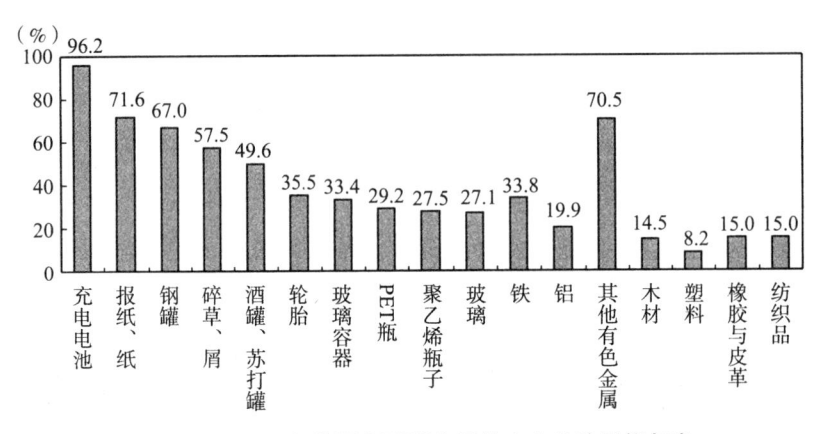

图 6-1 2010 年美国主要城市固体废弃物的再修复率

资料来源:富兰克林联合会网站,作者做了适当的整理。

图 6-1 反映了美国部分城市固体废弃物的再修复率的情况。2010 年,美国城市固体废弃物的总体再修复率为 34.1%,其中美国废弃的充电电池的再修复率达到了 96.2%,废纸与废报纸的再修复率也达到了 71.6%,除了铝、铁以外的有色金属的再

修复率为70.5%，钢罐的再修复率为67%，酒罐、苏打罐的再修复率为49.6%，大大超过了美国城市固体废弃物的总体修复水平，表明了这些产业在美国得到了较快地发展。而废弃轮胎、玻璃容器、铁、铝等废弃物的处理水平与总体水平相当；纺织品、塑料、木材、橡胶与皮革的再修复率大大低于总体修复率，表明了这些产业还有巨大的发展潜力和广阔的发展空间。

美国静脉产业的发展，不仅能够减少环境危害、节约资源，如1吨的废弃铝罐的回收再利用能够节约1665加仑的汽油，1吨废纸的回收再利用能够节约165加仑的天然气[①]，而且美国也从静脉产业的发展中获取了很好的经济效益与社会效益，静脉产业为美国创造的国民收入和解决的社会就业岗位也在不断地增加，仅就城市固体废弃物处理产业而言，2009年就为美国创造了5.4亿美元的收入和提供了281万个就业岗位，具体如表6-4所示。

表6-4　近年来美国城市固体废弃物处理产业的收入与就业

年份	处理收入（亿美元）	就业人数（百万人）
2000	3.94	2.21
2005	4.78	2.56
2008	5.31	3.00
2009	5.40	2.81

资料来源：根据2011年美国统计年鉴的相关数据整理而得。

二、日本循环型社会建设成效

20世纪60～70年代，随着日本社会经济的快速发展，发

---

① 美国环境保护署2011年12月发布的"城市固体废弃物产生、回收和处理报告"。

生了多起环境公害事件，引起了日本政府的高度重视；20世纪70年代，两次石油危机的爆发，引起了日本社会对资源节约问题的再思考。因此，转换线性经济的发展模式，发展循环经济在当时的日本已经有了广泛的社会基础，急需建立一套废弃物处理体系，以节约资源和能源，减少废弃物排放带来的环境问题。然而，那时日本废弃物的处理多以填埋为主，资源化利用程度并不高，加上日本的国土面积狭小，日益增长的城市固体废弃物需要有更多的填埋场来吸纳，促使政府需要扩大原有填埋场的占地规模，同时又要建设新的填埋场，造成了越来越多的土地浪费。在上述背景下，日本政府开始对废弃物进行科学处理，提高废弃物的再使用比例和资源化利用的比例，这样就促进了20世纪80年代静脉产业在日本的发展。1997年，当时通商产业省产业结构协会提出了一份题为《循环经济构想》的报告，主张利用市场机制实现资源和能源利用效率的最大化，促使环境与经济和谐发展；建立一个生产者和消费者、国家和地方公共团体通力合作的经济系统；促进生产者改进生产技术，建立一个减少环境负荷的新的技术系统；大力发展环境产业[1]。

2000年日本通过了循环型社会形成推进基本法，明确提出建立循环型社会的发展规划，并制定了实现循环型社会的实施方案，大大推动了日本静脉产业的发展。在循环型社会推进形成法等一系列法律体系的推动下，静脉产业得到了快速发展，极大地提高了日本的资源生产率、废弃物处理效率与废物处理量，为日本社会经济发展节约了大量的资源。其循环型社会推进计划主要

---

[1] 李岩. 日本循环经济研究 [D]. 沈阳：辽宁大学，2010：6.

第六章 发达国家静脉产业的发展与体系建设经验

分为两个阶段，第一个阶段是从 2000~2007 年，来自日本环境省的研究报告的相关数据显示了日本循环型社会推进计划的第一阶段取得的成果，2000 年日本的资源生产率为 26.3 万日元/吨，而 2007 年则达到 36.1 万日元/吨，提高了 37%；废物循环使用率从 2000 年的 3.5% 提高到 2007 年的 13.5%，最终处理量达到 270 万吨比 2000 年提高了 35%；人均垃圾产生量 2007 年为 1089 克，比 2000 年下降了 8.1%，按照家庭户平均每人产生的生活垃圾量 2007 年为 586 克，比 2000 年下降了 10.4%，工业垃圾为 1509 万吨，比 2000 年下降了 16.1%，最终处置量 2057 万吨比 2000 年下降 77%[①]。日本循环型社会建设中，有效地减少了废弃物的排放体现在废弃物最终处理量的减少上。在日本的城市固体废弃物统计口径中，将其分为工业废弃物（industrial waste）和一般废弃物（general waste）两类。一般废弃物是除了工业废弃物以外废弃物，包括家庭、商店、办公室排出的部分垃圾，主要有废塑料、厨房垃圾、废纸、废金属、废玻璃等；工业废弃物是指在工业生产过程中排放的废弃物，包括酸碱等工业原料的产渣、小块金属等。日本 2000~2007 年废弃物最终处理量呈现出明显的下降趋势，尤其一般废弃物中的厨房垃圾、废纸；工业废弃物中的污泥、橡胶的下降速度较快，而其他类别的废弃物最终处理量下降的速度不是特别明显。

日本通过循环型社会建设实现了废弃物减量化目标也可以从 2000~2008 年生活垃圾排放量的减少上得到验证，如图 6-2 所示。

---

① 资料来源：Establishing a sound material-cycle society Milestone toward a sound material-cycle society through changes in business and life styles (2010), http：//www.env.go.jp.

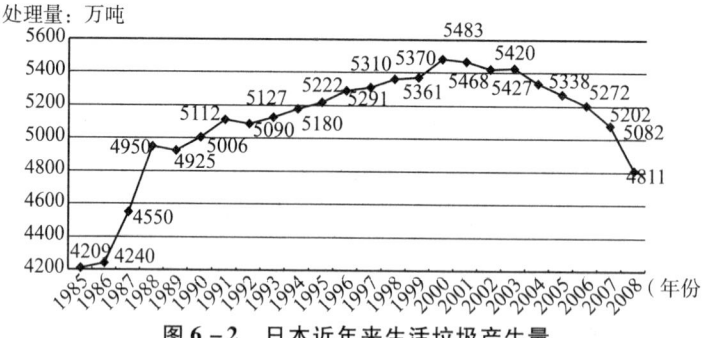

我国静脉产业体系构建研究

图 6-2 日本近年来生活垃圾产生量

资料来源：日本环境省的报告：Establishing a sound material-cycle society Milestone toward a sound material-cycle society through changes in business and life styles (2010), http://www.env.go.jp，笔者进行了适当整理。

从上图中可以看出日本生活垃圾最终产生量的变化情况。从 1985~2000 年呈递增的趋势，即从 1985 年的 4200 万吨增加到 2000 年的 5483 万吨。而从 2000~2008 年，日本生活垃圾最终产生量呈现出明显的递减趋势，即从 2000 年的 5483 万吨递减到 2008 年 4810 万吨，生活垃圾排放量减量化目标得到初步实现。

从日本生活垃圾的处理方式来看，将生活垃圾处理分为中间处理和最终处理两个阶段，中间处理包括了回收再利用、直接利用和焚烧，最终处理则是在生活垃圾经过了中间处理，使生活垃圾实现了无害化以后，再进入填埋场进行填埋。表 6-5 反映了日本近年来不同处理方式处理的生活垃圾的数量。

表 6-5 近年来日本不同生活垃圾处理方式处理的生活垃圾数量

单位：万吨

年份	生活垃圾处理量	最终处理	中间处理	直接利用	焚烧
2000	5209	308	222	648	4030
2001	5196	275	229	629	4063

第六章　发达国家静脉产业的发展与体系建设经验

续表

年份	生活垃圾处理量	最终处理	中间处理	直接利用	焚烧
2002	5154	223	233	658	4031
2003	5145	186	227	717	4024
2004	5051	177	233	727	3914
2005	4975	144	254	728	3849
2006	4900	120	257	717	3807
2007	4773	118	264	690	3701
2008	4514	82	234	623	3574

资料来源：日本环境省的报告：Establishing a sound material-cycle society Milestone toward a sound material-cycle society through changes in business and life styles (2010), http://www.env.go.jp，笔者进行了适当整理。

从主要城市固体废弃物的回收率来看，日本城市固体废弃物处理产业发展也是十分迅速的，以2008年为例，日本主要城市固体废弃物循环使用率都达到了60%以上，高循环使用是日本静脉产业发达的重要表现。表6-6显示了2008年日本部分城市固体废弃物的回收率。

表6-6　　　　2008年日本部分城市固体废弃物回收使用率

名称	单位	空调	电视机	电冰箱冷藏柜	洗衣机
计划回收量	千件	1968	5365	2746	2821
实际回收量	千件	1968	5210	2733	2818
回收或处理的重量	吨	82746	156546	163056	94010
回收的重量	吨	73698	139476	121331	79894
回收率	%	89	89	74	84

资料来源：日本环境省的报告：Establishing a sound material-cycle society Milestone toward a sound material-cycle society through changes in business and life styles (2010), http://www.env.go.jp，笔者进行了适当整理。

我国静脉产业体系构建研究

在日本，城市固体废弃物经过分类收集以后，进行进一步分拣，除了将部分没有失去使用价值的生活垃圾，进行直接使用以外；还对生活垃圾中通过适当的加工处理就能形成再生资源的部分进行加工处理，以减少生活垃圾最终处理的数量，减少最终处理环节的处理压力。图6-3以2008年为例，说明了日本从回收的生活垃圾中获得的主要产品和生活垃圾产生的主要用途。

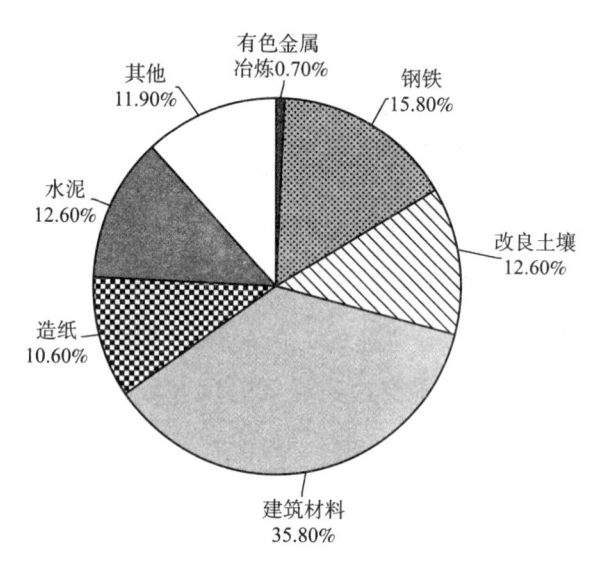

图 6-3 2008 年日本回收生活垃圾产生的资源与用途

- 有色金属冶炼 0.70%
- 钢铁 15.80%
- 改良土壤 12.60%
- 建筑材料 35.80%
- 造纸 10.60%
- 水泥 12.60%
- 其他 11.90%

资料来源：日本环境省的报告. Establishing a sound material-cycle society Milestone toward a sound material-cycle society through changes in business and life styles (2010), http://www.env.go.jp，笔者进行了适当整理。

总的来说，日本政府对资源与环境非常重视，城市固体废弃物处理产业属于资源与环境产业的重要组成部分。因而，城市固体废弃物处理产业近年来在日本也得到了快速发展，废弃物的循环利用的比例逐年增加，直接填埋率和最终处理率逐年下降，社会的广泛参与、逐渐完善的政策和法规、先进的技术和工艺、严格的管理和操作，使日本在城市固体废弃物处理领域，处于世界领先地位。目前，在日本不存在着严格意义上的"垃圾"，所有的废弃物都可以通过静脉产业系统"变废为宝"。

三、欧盟城市固体废弃物处理状况

欧盟是世界上一体化程度最高的经济区域，其协调一致的行为在城市固体废弃物处理领域也得到了充分体现，欧盟十分重视对其成员国的城市固体废弃物处理工作进行指导和规划。早在1975年，欧共体（欧盟的前身）首次颁布了废物处理规定，并确立了分层次的废物处理的管理体系。1991年，欧盟颁布了处理有害废物的规定，随后又制定了一系列法律法规，确立了废弃物产生者承担废物处理责任的制度。同年，德国颁布包装废物法，推行回收再利用包装的"绿点制度"，其余欧盟国家随后效仿德国采取了类似措施。2002年，欧盟颁布了报废电子电气设备指令（2002/96/EC号指令），对成员国的电子电气产品的废弃物处理进行指导等。

在欧盟的统一指导与其各成员国积极努力下，欧盟各成员国的城市固体废物处理水平不断提升，表6-7反映了欧盟近年来城市固体废弃物处理水平的变化。

表6-7　1995~2009年欧盟城市固体废弃物处理量的变化

年份	处理总量（百万吨）				人均处理量（千克）			
	填埋	焚烧	回收利用	堆肥	填埋	焚烧	回收利用	堆肥
1995	141	31	22	13	296	65	46	28
1996	138	32	23	15	290	66	48	31

续表

年份	处理总量（百万吨）				人均处理量（千克）			
	填埋	焚烧	回收利用	堆肥	填埋	焚烧	回收利用	堆肥
1997	140	33	28	16	293	70	58	33
1998	137	34	30	18	285	71	62	37
1999	138	36	37	21	287	76	77	44
2000	139	38	38	27	288	79	78	55
2001	135	39	40	28	278	81	83	58
2002	131	41	46	32	269	85	95	65
2003	124	41	47	34	254	84	97	69
2004	117	43	49	36	239	89	100	74
2005	109	47	51	38	221	95	105	78
2006	108	49	54	40	219	99	109	82
2007	106	50	57	42	213	100	116	85
2008	100	50	59	44	201	99	118	88
2009	96	51	59	45	191	101	118	89
1995~2009年变化率（%）	-32	63	172	239	-35	56	159	224

资料来源：欧盟官方网站。

从表6-7中的数据可以看出欧盟城市固体废弃物处理水平的变化。在1995~2009年的15年时间里，欧盟城市固体废弃物填埋的数量从1.41亿吨下降到9600万吨，填埋的比例下降了32%；城市固体废弃物焚烧、堆肥和回收再利用量（率）不断提升。相应的人均指标也了这一变化规律。

从目前世界上的主要发达国家和地区来看，美国、日本和欧盟的城市固体废弃物发展水平都很高，发达国家和地区拥有发达

第六章　发达国家静脉产业的发展与体系建设经验

的城市固体废弃物发展水平，这与这些国家和地区对城市固体废弃物处理高度重视、科学管理是分不开的。事实上，目前这些发达国家和地区都已经建立了较为成熟的城市固体废弃物的处理体系、政策促进体系与完备的法律体系等。

第二节　发达国家静脉产业体系建设经验

目前，主要发达国家的城市固体废弃物处理产业的发展与其注重静脉产业的体系建设是分不开的，虽然不同的国家在促进静脉产业发展中的政策有所差异，但是这些国家在政策、立法、引导企业进入，营造环境保护的社会氛围等方面有着大体相同的经验，我国这些方面与发达国家还有一定的差距。

一、可操作的目标体系

目标是行动的指南，因此建立明确的目标体系对促进城市固体废弃物处理水平的提升有着重要的意义。主要发达国家的城市固体废弃物处理水平之所以能够不断提升，是因为明确的目标体系发挥了不可替代的作用。

日本在2000年的循环型社会推进计划中就制定了日本循环型社会推进的基本目标，到2015年，资源生产率实现420000日元/吨；废弃物循环使用率达到14%~15%；最终处理量为2300万吨，比2000年减少60%，具体目标如表6-8所示。

表6-8　日本循环型社会行动计划确定的到2015年
循环型社会建设要实现的主要目标

分类	指标	目标
(1) 废弃物减量化		
a. 市政废弃物减量化	(a) 人均每天废弃物产生量	比2000年减少10%
	(b) 商业机构废弃物产生量	比2000年减少20%
b. 工业废弃物减量化	最终处理量	比2000年减少60%
(2) 居民环保意识		
具有循环利用、减量化和绿色购买的意识 a. 对 Have an awareness of waste reduction, cyclical use, and green purchasing		90%的调查对象
采取行动参与循环利用、减量化与绿色采购 b. Take specific action for waste reduction, cyclical use, and green purchasing		50%的调查对象
(3) 废弃物市场化		
促进绿色购买 a. Promoting green purchasing	实施有组织化的购买 Implementing organizational green purchasing	所有地方政府和50%的企业 Listed companies *2: Approx. 50% Unlisted companies *3: Approx. 30%
促进环境事务管理	发放生态行动证书	6000份
扩大循环型市场	市场规模	要达到2000年的2倍

资料来源：日本环境省官方网站。

　　1994年欧盟对物品包装及包装废弃物设定了具体目标，要求各成员国在2008年之前，包装物的回收和焚烧处理率应占重量的60%，再生利用率应达到55%。2006年，欧盟确定了将温室气体排放量和净电力消耗量各减少20%的目标。2007年，欧洲议会通过了一项废弃物减量框架指令法案，此项法案明确规定了欧盟各成员国实现垃圾减量和资源回收的具体目标：到2020年，欧盟50%的城市生活垃圾和70%的建筑垃圾必须回收利用，废物填埋比例必须进一步降低；到2025年，填埋可回收再利用废物将是非法的。这些目标都为所在国家的城市固体废弃物处理产业的发展指明了努力的方向，在实践中发挥了重要的导向作用。

二、完备的法律体系

完备的法律体系是促进城市固体废弃物发展的基本保障，法律具有很强的约束力，能够规范社会分散的个体行为，从而有利于城市固体废弃物的处理水平的提高和静脉产业的发展。目前，主要发达国家和地区都拥有一套静脉产业发展的法律体系。

美国是较早对城市固体废弃物排放进行立法的国家。早在1965年就颁布了《固体废弃物处理法》，对固体废弃物污染土壤，危害公共健康与环境等行为进行立法规制。1976年制定实施的《资源保护与回收再利用法》中对于固体废弃物的处理方式，有害废弃物的管理及固体废弃物处理企业资质的认定都做了明确的规定，并对固体废物热处理，居民、商业和企事业单位固体废物的贮存和收集，废物回收再利用的源头分类，城市固体废物填埋标准，有回收价值固体废弃物的综合利用等方面也都做了全面而详尽的指导，有效地提高了美国固体废弃物的处理水平和处理规范。除了上述两部直接涉及固体废弃物的产生、分类收集、产业化处理及固体废弃物污染环境规制的综合性法律外，美国还先后通过出台并实施了专门针对不同废弃物的专门法律，如：《资源恢复法》（1970）、《有毒物质控制法》（1976）、《污染预防法》（1990）、《全国容器重复使用及回收法案》（1994）、

我国静脉产业体系构建研究

《含汞充电电池回收法案》(1996)等一系列针对固体废弃物处理的相关法律,与美联邦的全国性的法律相适应,美国的各个州也出台了相应的废弃物管理和资源化的法律和管理措施,如威斯康星州规定,塑料容器必须使用10%~25%的再生原料;亚利桑那州从1999年开始对废旧物资的再生利用实行税收优惠政策,对购买、回收再生资源的企业可减税(销售税)10%[①]。这些措施都有效地促进了美国固体废物处理水平的提升和静脉产业的发展。

日本发达的静脉产业与其重视对静脉产业相关领域的立法是密不可分的。日本早在1970年就通过了《废物处理法》,1993年通过了《环境基本法》,2000年通过了《循环型社会形成推进基本法》,围绕着上述法律,近年来日本出台了大量与静脉产业相关的法律、法规,如表6-9所示。

表6-9　　　　日本与静脉产业相关的主要法律、法规

年份	法律名称
1970	废物处理法
1991	再生资源利用促进法
1993	环境基本法
1995	促进容器包装与分类回收法
2000	循环型社会形成推进基本法、容器包装回收法、建筑材料回收法、环境促进法、绿色采购法、食品回收法
2001	家电回收法、PCB安全处理特别法
2002	机动车回收法、海洋倾倒法、生物质能综合利用方略

---

① 耿勇,武春友. 国内外生态工业园发展述评[J]. 产业与环境,2003年(增刊):56-59.

第六章　发达国家静脉产业的发展与体系建设经验

续表

年份	法律名称
2003	制订循环型社会形成推进计划、实施 PCB 废弃物处理计划、发布实施日本公司环境安全生产法案、废物管理与公共清洁法
2004	非法倾倒法
2005	3R 行动倡议计划工业垃圾处理法、汽车再生利用法
2006	完善垃圾分类收集与容器包装法

从以上日本与静脉产业相关的法律、法规中可以看出，日本政府对城市固体废弃物处理的高度重视，目前这些法律、法规已经形成了完备的体系，这个体系大体上可以分为三个层次：第一层次，基本法。主要由《环境基本法》《环境促进法》《循环型社会推进形成基本法》构成，是日本环境保护和静脉产业发展的最为基本的法律依据。第二层次，综合法律。主要由《废物处理法》《再生资源利用促进法》等法律组成，其法律关系调整的对象是整个废弃物处理产业和所有再生资源产业。第三层次，专门法。主要由《容器包装回收法》《建筑材料回收法》《食品回收法》等法律组成，主要针对具体的废弃物。

日本的固体废弃物处理和环境保护法律法规具有以下特点：一是覆盖面广。上述法律法规涉及生活垃圾等一般废弃物，也涉及产业废弃物，几乎所有种类的废弃物的处理都有法可依。二是可操作性强。由于日本在这些法律法规的制定中采取先易后难、先搭建基本的环境法律框架、再制定具体法律的方法，使得其在城市废弃物处理的立法中实现了稳步推进，逐步深入的过程。法律首先针对涉及相关利益较少的废弃物的再利用进行立法。例如《家电再生利用法》只针对空调、冰箱、电视、洗衣机等；《汽车再生利用法》只针对车体、塑料、气囊等进行回收再生利用，这样法律涉及的经济主体较少，减少了社会利益调整的摩擦。三是责任明确。上述立法涉及的责任主体的权力与义务关系明确。

目前，欧盟现有的与城市固体废弃物处理相关的法律主要包括四种类型：一是框架性法律，比如1995年颁布的关于废物的指令和1991年颁布的关于有害废物的指令。二是针对特定类型废物制定的法律，目前主要涉及废油、污泥的农用、含危险废物的电池和蓄电池，包装及包装废物，废弃车辆，在电子和电器设备上限制使用某些有害物质等，如：WEEE指令及RoHS指令等。三是制定废物管理作业的法律，目前主要涉及废物填埋、废物焚烧、船舶产生的废物及货物残余物的港口接收装置等。四是关于报告及调查方面的法律，主要涉及废物管理法律，实施过程中有关的统计报告等事项[①]。

三、完整的产业链运行体系

发达国家在发展静脉产业的过程中，其构建了完整的产业链运行体系，消费者、处理企业、政府与最终处理设施等方面紧密衔接，有效地提高了城市固体废弃物的处理率，促进了静脉产业的发展。

日本构建了较为完整的静脉产业链运行体系，从废弃物回收，到最终资源化处理形成了完整的处理体系。以日本的企业用户使用的电脑为例，其产业链运行体系如图6-4所示。

---

① 环卫网，http://www.cn—hw.net/html/sort054/200906/10614_2.html.

第六章 发达国家静脉产业的发展与体系建设经验

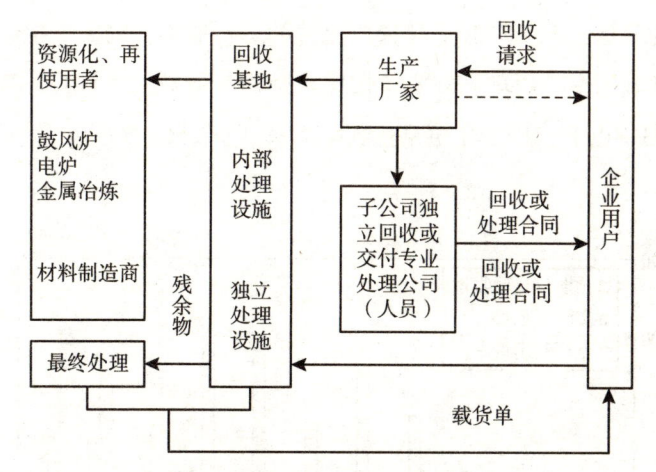

图6-4 日本废弃电脑处理的产业链体系（企业用户）

资料来源：日本环境省官方网站。

根据日本《资源有效利用促进法》，企业用户电脑被指定为再生资源产品，法律要求制造商主动回收并实现"再资源化"。电脑在使用一段时间后，由使用者提出回收申请并缴费，生产企业就会对废旧电脑进行回收，生产企业将废旧电脑送往回收基地，或通过内部处理设施进行处理；也可以交给子公司或专业的处理公司进行处理，经过最终处理后的残余物再进行填埋。由于计算机本身含有大量的再生金属，经历了拆解、分拣、熔炼以后，残余物已经很少，而计算机的硬盘目前在日本已经基本没有市场需求，便被出口到其他国家和地区。整台废弃物电脑的回收利用率在90%以上。

从产业链的各个运行环节来看，日本静脉产业体系在提高废弃物资源化处理率，实现城市固体废物的循环利用上发挥了重要功效。由于日本环境教育程度的普及和完备的法律制约，日本在城市固体废弃物回收前，基本上由废弃物的产生者对废弃物进行了

我国静脉产业体系构建研究

合理的分拣，不仅降低了静脉产业链的运行成本，也大大提高了资源循环利用率，1997～2008年按照实际回收的数量来计算，基本上都在93%以上，2008年更是达到了97%，如图6-5所示。

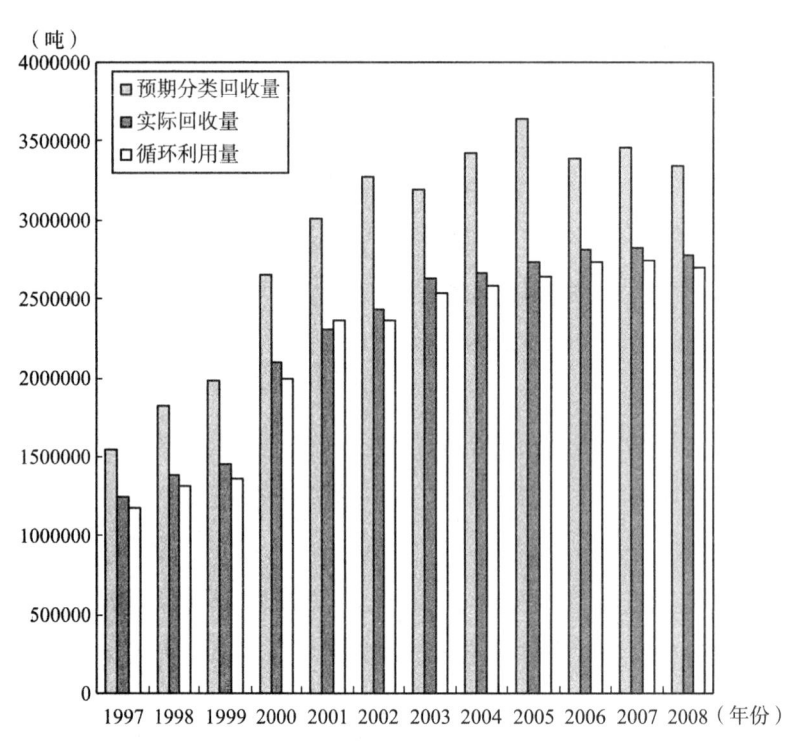

图6-5 1997～2008年日本城市固体废弃物的预期分类回收、实际回收与循环利用

数据来源：日本环境省官方网站。

日本城市固体废弃物循环利用量与实际回收率的提高与日本在环境教育上的重视程度密不可分。在日本，"随意丢弃，给社会添麻烦，给他人添麻烦"已经成为一种公认的可耻行为，日本不仅利用广播、媒体等进行爱护环境不乱丢弃的宣传，还在教育

第六章 发达国家静脉产业的发展与体系建设经验

的各个层次开设有关环境教育方面的课程，定期或不定期地举行环境方面的竞赛活动等。此外，日本还建立了一套完善的日常生活方面的环境教育体系，如表 6-10 所示。指导人们在日常生活中如何减少生活废弃物的产生。

表 6-10　　　　　　　　日本日常环境教育体系

类别	内容	类别	内容
衣	穿过的和服传给下一代 二手服装进入"跳蚤"市场 改旧衣服再穿	休闲	生态旅游 在体育场内使用 可重复使用的杯子
食	消费有厂家名称的食品 先购买接近保质期的食品 婚礼等大型仪式上要节约	其他	家具和生活用具要长期使用 购买能长期使用的产品 使用租赁产品
住	建筑住房时要有长远打算 使用光伏设备、太阳能热水器、高性能隔热材料等 改造住房而不是重建		使用维修产品 拒绝使用不可回收的包装和容器 使用环境友好型产品

资料来源：日本环境省官方网站。

除了日本以外，许多发达国家在城市固体废弃物处理产业发展中，也十分重视环境教育体系的建设，通过环境教育体系建构将环境保护的观念深入人心，使人们自觉爱护环境，树立强烈的环境意识，有效地实现了城市固体废弃物排放的减量化目标，提高了城市固体废弃物资源化处理的效率，在生态文明建设中实现了社会文明。

在美国，随着"绿色文化"的广泛传播，环保的观念逐步深入人心，公民参与城市固体废弃物处理的热情不断高涨，公民不仅积极为环保组织捐款,还义务为环保事业做义工,通过参与、组织环保讲座、环保宣传与环保社区服务为城市固体废弃物处理产业的发展贡献了巨大的力量。目前,美国的环境教育体系主要有课堂教育、野外教育和社区教育三种。美国各学校均设有环保课,针对不同年级编写不同教材,让环境教育渗透学校日常教育之中,并把环境课列为学分考核标准。野外教育主要是通过青少年夏令营、家庭周末野外活动、露营等形式,引导学生学习野外知识,亲近大自然,热爱大自然。社区教育主要是在社区公园、教会等公共设施开展,利用大众传媒(影视)对公众开展丰富多彩的环境教育。

四、全程的监控体系

从环境效益的视角来看静脉产业具有明显的公共产品的属性,而提供公共产品则是政府基本职能之一。建立完善的行政管理体系来管理城市固体废弃物,进而促进静脉产业的发展是许多发达国家常用的措施。如美国目前已经形成了一套成熟垂直管理体系,这套管理体系的基本单元主要由以下几个组成部分:(1)总统。美国总统拥有环境保护总署署长和该署高级官员的任命权。(2)国会和总统执行办公室。这两个机构主要拥有环境管理的预算权。通过改变预算,从而改变政府转移支付的力度对包括城市固体废弃物管理在内的环境管理项目实施影响,并且国会是环境保护总署权力的来源。(3)环境保护总署与国家环境质量委员会。环境保护总署负责全国的环境管理事务,包括制定环境规划与管理水、气环境的保护等事务,环境质量委员会则负责编制全国质量报告书,是美国环境政策出台的重要依

第六章 发达国家静脉产业的发展与体系建设经验

据,它们是美国的一级环境保护机构,直属总统办公厅,由总统亲自领导。联邦政府各部门和各州政府也设置环境保护机构,管理各自的环境保护业务。(4)美国各州的环境保护部门。主要负责制订和贯彻执行本州的环境保护政策、法规、标准等。对洲际河流和国际河流,则由河流管理委员会对流域内的水量分配、洪水防治、水质控制与污染防治等进行管理。欧盟则是通过《环保标章制度修订草案》《生态环境管理及稽核制度(EMAS)》规章修订草案,《产品生态设计(环保设计)》指令之修正草案等来落实绿色政府采购制度,并运用上述草案对成员国与城市固体废弃物相关领域进行管理。

除了通过环境管理来管理城市固体废弃物外,主要发达国家还建立了行业协会等社会组织来管理城市固体废弃物。如美国的废旧物品再生工业协会(ISRI)是工会性组织,有数千家遍布美国各地的企业会员,还有200多家国际会员,协会为其成员提供及时的产业信息及先进的专业培训;提供学习成功经验的机会;提供同行间联络,寻求新客户,巩固老客户;建立行业标准和充当行业的代言人。国家再生联盟(NRC)是非赢利组织,代表美国再生资源行业最广泛的利益,实现保护资源、减少固体废弃物、保护环境、节约能源、推动社会和经济发展的目标。现有成员4500人,包括再生资源行业和环境组织,联邦、州、地方政府,企业和个人。联盟的宗旨是通过向其成员提供技术信息、教育培训及提出和制定有利于行业发展的政策,推动和促进再生资源行业的发展,保护资源和环境。成立于1967年的美国环保协会,拥有众多的企业会员,还有大量的科学家和经济学家,涉足水、大气、海洋、人体健康及食品安全等多个环保领域,在美国重大环境问题研究、环境立法,以及协调政府、议会、商界与公民的关系、环保的国际交流等方面发挥着极其重要的作用，提出的"排污权交易"的思路已成为《东京议定书》的核心思想，环保协会主席成为美国总统的座上宾，其建议甚至可以左右美国的决策层。日本家电协会，承担了家电回收的规划组织工作，对于家电回收和再利用有着重要的促进作用。

在发达国家城市固体废弃物管理中，它们还建立了一套从"摇篮"到"坟墓"的全过程控制体系即从城市固体废弃物的产生、回收、资源化利用到最终处理进行全过程控制。通过产品设计、包装设计等实现城市固体废弃物的"减量化"目标。通过"污染者付费"（PPP）原则与延伸生产者责任制度将强化生产者排放城市固体废弃物的社会责任，减少了城市固体废弃物排放的负外部性。最后，通过严格的立法管理和相应的激励约束机制在最终处理城市固体废弃物之前，实现固体废弃物排放的无害化目标。

五、我国静脉产业体系与国外的主要差距

与发达国家相比，我国在静脉产业体系方面的目标设定上还不够清晰，目标的执行缺乏支撑与进一步的分解与细化。所以，我国的静脉产业体系建设目标缺乏应有的可操作性。我国"十二五"环保规划要求，到2015年城镇生活污水和垃圾平均处理率将不低于80%，工业除尘平均排放浓度将降低40%，非电力行业将严格执行脱硫标准，电力行业开始执行脱硝标准。这些指标与发达国家的城市固体废弃物相关指标相比，缺乏足够的可操作性，在实现指标的过程中，并没有指明对静脉产业的其他主体如企业或个人应该如何配合政府，以及采用什么样的行动帮助实现

第六章 发达国家静脉产业的发展与体系建设经验

这些指标都没有明确的规定。

在立法建设上，我国与静脉产业直接相关的法律仅有《中华人民共和国环境保护法》《中华人民共和国固体废弃物污染防治法》《中华人民共和国循环经济法》等框架法和综合性的法律，针对特定废弃物的法律多是以管理条例或暂行规定来加以约束，缺乏强制执行力。

在产业链运行体系上，各个产业主体关联性不强，回收组织化程度较低；最终处理环节的市场化程度低。企业与社会组织在静脉产业发展中没能充分发挥作用，政府过多地涉足这一领域，产业缺乏活力与竞争力。

在静脉产业技术体系上，我国在该领域的技术创新能力不强。多数处理企业仅仅是对城市固体废弃物进行简单的分拣、拆解与清洗，缺乏专有设备进行进一步处理的能力，企业更多的时候是在等着政府的优惠政策，而不是主动进行技术的研发与创新。表现在垃圾处理行业上，我国的生活垃圾更多的是被填埋或焚烧，资源化处理率较低。

因此，在借鉴发达国家静脉产业发展经验的基础上，结合我国静脉产业发展现状，加强产业链各个环节的联系，实现静脉产业在城市内部与城际间的合理布局，是我国静脉产业发展的重要趋向之一。政府应从政策、管理、环境教育、技术创新等方面建立起支撑我国静脉产业发展的体系，以提高城市固体废弃物的资源化处理率，实现静脉产业发展的环境、经济与社会效益。

第七章

我国静脉产业体系构建的路径

前文以城市固体废弃物为研究对象，从静脉产业在城市的布局（产业园区、废弃物交易中心、旧货市场等），以及静脉产业链的组成（回收、中间处理与最终处理）等环节的纵向角度构建了我国静脉产业体系。布局体系与产业链运行体系以废弃物回收为起点，以环境与经济效益实现为最终归宿。在充分介绍了发达国家城市固体废弃物的发展状况，总结了它们的经验做法后，本章从政策、管理、环境教育等方面构建了我国的静脉产业体系，以发挥静脉体系在促进城市固体废弃资源化处理中的最大功效。

第一节 政策引导

制定完善的静脉产业政策体系，引导私人投资进入静脉产业领域是实现城市固体废弃物资源化处理产业化的主要措施；通过设立处理基金、补贴等政策引导城市固体废弃物处理产业走向市场化。

一、我国静脉产业领域相关的政策

我国在静脉产业领域的政策出台落后于静脉产业的发展实践，我国于1973年出台了与静脉产业相关的政策《关于保护和改善环境的若干规定（试行草案）》，对固体废弃物处理本着"综合利用，化害为利"的基本方针；1979年，我国在《环境工作汇报要点》中开始对在"工业三废"综合利用方面表现突出的单位和个人进行奖励，可以看作是我国对静脉产业发展进行激励的开端；1986年，我国开始讨论工业领域的废渣排放是否收费的问题。可以说，在20世纪70~80年代，我国城市固体废弃物的政策关注的焦点是在环境问题上，虽然对于城市固体废弃物综合利用的政策也有所涉及，但是当时基本上集中在工业废弃物领域，对于静脉产业内的其他领域涉及的并不是很多。

20世纪90年代初期，我国对静脉产业的政策开始在兼顾工业"三废"治理基础上，同时关注诸如生活垃圾、特定废弃物，只是那时的政策还显得比较笼统，政策的出发点和归宿仍然局限于废弃物处理的资源节约与环境改善上，还没有能够站在社会发展战略和产业结构升级的高度来审视废弃物处理的意义，政策的主要特点还是在如何鼓励企业进行废弃物综合利用上，直到1996年我国第一次将废弃物资源化的综合支持政策写进了"九五"发展规划中，这一状况才得以改变。

2008年以来，我国出台了《中华人民共和国循环经济促进法》，围绕着循环经济建设的思路，我国将固体废弃物资源化处理和综合利用放在了国家发展战略的高度，2009年将节能环保产业作为战略性新兴产业加以扶植，在"十二五"规划中，更是

我国静脉产业体系构建研究

将大力发展循环经济作为"十二五"期间的一项重大工作来抓。应该说,我国对废弃物处理一直还是比较关注,与固体废弃物相关领域的政策也不断出台,如表7-1所示。

表7-1　我国历年来出台的部分与静脉产业相关的政策

时间	名称	内容
1973	关于保护和改善环境的若干规定(试行草案)	包含"综合利用,化害为利"为内容与固体废弃物处理相关的规定
1974	环境保护规划要点和主要措施	要求企业积极开展综合利用,改革工业以消除污染危险
1977	关于治理工业"三废"开展综合利用的几项规定	第一个关于综合利用废物的比较全面、具体的规定
1978	环境保护工作汇报要点	大力推行"三废"综合利用奖励政策
1985	关于开展资源综合利用若干问题暂行规定	对资源综合利用实行奖励和扶持
1986	关于完善现有综合利用政策的几点补充规定的通知	工业废渣是否收费问题
1992	关于促进环境保护产业发展的若干措施	要求对环保产业的原材料供应、技术改造、税收、价格、投资等给予优先考虑和优惠
1996	关于进一步开展资源综合利用的通知	拓展了资源综合利用的内涵,制定方针、原则、政策措施包括价格、投资、财政、信贷等其他优惠政策、企业从有关优惠政策中获得减免税(费)
1996	"九五"资源节约综合利用工作纲要	制定"九五"期间开展资源综合利用工作的目标和途径,贯彻和制定促进资源节约综合利用的税收、信贷财政等经济政策
1998	国家鼓励资源综合利用认定管理办法	鼓励资源综合利用认定,获得认定的企业可以申请税收等优惠政策
2000	当前国家重点鼓励发展的产业、产品和技术目录	环境保护和资源综合利用被列入国家推进经济结构战略性调整,促进产业升级和改善投资结构的28个重点发展领域之一,享受第一批目录规定优惠政策

第七章 我国静脉产业体系构建的路径

续表

时间	名称	内容
2002	关于实行城市生活垃圾处理收费制度促进垃圾处理产业化的通知	确定对生活垃圾进行收费管理，鼓励生活垃圾产业化
2006	"十一五"资源综合利用指导意见	将资源综合利用发展循环经济融入相关的财政、税收、金融等政策中
2008	关于资源综合利用及其他产品增值税政策的通知	对再生水、废旧轮胎、轮胎翻新等企业免征增值税
2008	资源综合利用企业所得税优惠目录（2008年版）	包括部分工业"三废"处理企业和大部分再生资源行业中的企业
2009	关于加快培育和发展战略性新兴产业的决定（大力发展节能环保产业）	加快资源循环利用关键共性技术研发和产业化示范，提高资源综合利用水平和再制造产业化水平。加快建立以先进技术为支撑的废旧商品回收利用体系
2011	"十二五规划"的建议（大力发展循环经济）	加强规划指导、财税金融等政策支持，加强矿产资源综合利用，鼓励产业废物循环利用，完善再生资源回收体系和垃圾分类回收制度，推进资源再生利用产业化。开发应用源头减量、循环利用、再制造、零排放和产业链接技术，推广循环经济典型模式
2012	关于印发《废物资源化科技工程十二五专项规划》的通知	各类废弃物资源化保障措施与相关企业的创新能力与人才培养、控制技术等方面做出明确指示
2013	工业固体废物综合利用先进适用技术目录（征求意见稿）	对工业废物中的10大类52项技术进行推广

资料来源：根据中华人民共和国环境保护部、近年来的政府规划，以及中国固废网、再生网上的相关通知公告、法律法规进行归纳整理。

二、我国静脉产业领域的政策特点

从表 7-1 可以看出,我国虽然一直固体废弃物处理进行了持续的关注,国家也不断出台相应的政策来促进废弃物的资源化和静脉产业的发展。但是,我国现有的政策手段还比较单一,政策涉及的对象过多地关注废弃物的最终处理与回收环节,而在废弃物减量化上的政策力度还不够。废弃物处理涉及多个环节,包括废弃物产生者、排放者、再生资源需求者、原生资源利用者,以及垃圾处理的各个环节,所以政策的设计应包括这些环节,涉及整个静脉产业链条上的各个经济主体,完整的静脉产业政策作用的对象应如图 7-1 所示。

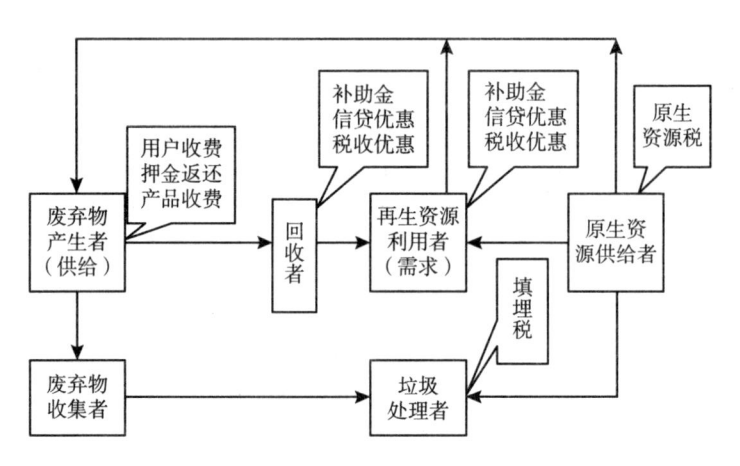

图 7-1 静脉产业领域政府政策体系作用对象示意

从图 7-1 中可以看出,静脉产业领域内的政策应该包括产业链的各个参与主体,而不仅仅是回收环节和最终处理环节。以生活垃圾为例,家庭的行为应该受到更多的关注。家庭是生活垃

第七章 我国静脉产业体系构建的路径

圾主要的产生者,他们的排放行为对环境和废弃物资源化利用成本、效率、效益等方面有着直接的影响,家庭的行为主要包括他们的购买行为、回收行为和排放行为三个主要方面,实行押金—返还的经济政策与收费政策,对于改变他们的购买习惯、排放行为,以及对于废弃物处理路径等方面有着直接的影响。如押金—返还行为是针对家庭的购买行为而言的,对于废弃物的减量化目标的实现,鼓励多次使用,提高回收率,增加再生资源供给等方面有着重要的意义,而押金—返还政策能够在废弃物"减量化"和"再使用"中发挥作用,必须要有辅助支撑这一政策发生作用的其他方面的支撑,一是加强环境教育,使公众自觉参与。尤其对于那些需求弹性小的消费者,他们往往对押金返还反应迟钝,必须通过环境教育来使他们认识到保护环境就是保护他们自身的生活质量。二是要借助相关法律的约束力,有效约束人们的行为。三是设计合理的押金标准和退款手续[①]。

收费政策能够改变废弃物排放的路径,尤其是按量收费能够促进人们努力将废弃物排放量控制在最小的范围,所以他们在丢弃生活垃圾前会尽可能地将生活垃圾进行分拣,使得排放量最小,排放成本最小。而我国的政策在这些方面显然做得还不够,虽然我国城市于 2011 年已经建立了垃圾收费制度,但是多数地方使用的是固定收费,将垃圾处理费用放在物业费中,这样对于唤起市民的环保意识和实现废弃物减量化的作用还是比较有限的。

对于城市固体废弃物资源化的政策应该包括再生产业的行业标准、原生材料税等。通过改变原生材料使用者行为,增加对再

---

① 嵇欣. 建立押金返还制度述评 [J]. 探索与争鸣, 2007 (4): 57-59.

生资源的需求。此外，还要禁止销售不能回收的产品等类似生产者责任制度的政策，减少废弃物产生，实现"减量化"目标，对废弃物最终处理者征收填埋税，改变处理方式，提高资源的回收，提高再生资源供给。显然，我国目前政策的体系在这些方面关注度还不够，很少考虑到原生资源与末端处理政策的关联。

总之，我国目前的政策体系无论从政策体系涉及的对象来看，还是从政策体系作用的产业链的具体环节来看，都显得比较单一。这就难以发挥政策体系对于静脉产业链效率的提升和城市固体废弃物处理布局各个环节的激励与约束，进而在静脉产业中发挥的作用大打折扣，因此要从我国静脉产业发展实践和城市固体废弃物自身特点，设计完善的政策体系，以支撑静脉产业体系的运行，促进静脉产业发展，实现静脉产业的资源、环境、经济与社会效益。

三、我国静脉产业政策体系设计

我国静脉产业领域政策手段单一，建立静脉产业体系，需要对现有的政策手段进行设计，以支撑静脉产业体系高效、有序地运行，促进我国城市固体废弃物处理效率的提升。

首先，要将政策涉及作用的对象从废弃物处理者延伸到静脉产业链的所有参与主体。静脉产业链的参与主体主要包括原生资源利用企业、政府、废弃物回收企业、物流企业、废弃物处理企业及个人（家庭）。在生产领域，政策设计应该能够促进生产企业在使用资源时，尽可能选择再生资源而非原生资源，我国虽然早在1984年就开始征收资源税，但是当时征税的范围仅限于原油、天然气、煤炭的企业征收，对开采金属矿产品和非金属矿产品的企业暂缓征收，征收基数是销售利润率超过12%的利润部分，1986年与1994年又进行了两次改革①。2011年，我国实行新的资源税，扩大了对使用原生资源的征税范围，如表7-2所示。

表7-2　　　　我国原生资源征税范围及税率

资源名称		资源税税率
一、原油		销售额的5%~10%
二、天然气		销售额的5%~10%
三、煤炭	焦煤	每吨8~20元
	其他煤炭	每吨0.3~5元
四、其他非金属矿原矿	普通非金属原矿	每吨或者每立方米0.5~20元
	贵重非金属原矿	每千克或者每克拉0.5~20元
五、黑色金属矿原矿		每吨2~30元
六、有色金属矿原矿	稀土矿	每吨0.4~60元
	其他有色金属矿原矿	每吨0.4~30元
七、盐	固体盐	每吨10~60元
	液体盐	每吨2~10元

资料来源：中华人民共和国资源税暂行条例[M].北京：法制出版社，2011.

虽然我国自2011年以来，扩大了征收资源税的资源品种范围，但是我国资源税长期存在的问题就是税率偏低，虽然新的资源税扩大了征收的范围，但还没有完全覆盖各类原生资源，在促使企业使用再生资源取代原生资源方面发挥的作用还需要进一步加强。此外，还要严格控制企业的排污权与实行预付处理费用等

---

① 宋金华，谢一鸣.论我国矿产资源税费制度的生态化改革[J].江西理工大学学报，2010（8）：21-25.

政策，对企业的排放行为进行约束。

在消费领域，从源头控制废弃物排放的政策力度还不够，押金—返还制度、消费税征缴等制度还不健全。虽然我国从20世纪90年代开始征收消费税，但是征缴的范围有限，仅限于一些高档消费品（手表、汽车、烟、酒等产品），以及少部分普通商品（一次性木制筷子、木地板）等。而且普通百姓对消费税征缴的税率、品种，以及征收消费税对节能减排的意义等方面的知识还不了解，所以消费税在实现废弃物排放减量化中的作用也不是很明显。至于生活垃圾收费政策，由于环境教育宣传的力度不够，大部分城市社区都是将生活垃圾处理费放在物业费中征缴，并没有专门列出项目，不利于唤起民众的环保意识，也不能直接促使他们在丢弃垃圾之前尽可能对生活垃圾进行分拣，提高使用率和实现减量化的目标。因此，要静脉产业链各个环节的参与主体设计政策，鼓励他们从提高资源使用效率和循环经济建设角度选择自己的行为，最终提高城市固体废弃物资源化处理水平。

其次，鼓励企业参与城市固体废弃物处理，给予政策优惠。除了对生产企业给予约束外，还要对城市固体废弃物处理企业进行鼓励，给予他们政策上的优惠，引导他们进入静脉产业领域。可以给予废弃物处理企业更大的税收方面的减免，提供优惠的贷款，简化行政审批手续，设立处理基金，给予在供电、用地，以及基础设施和服务方面优惠的政策。

最后，政策设计的重点应变"末端治理"为"源头减量化控制"。城市固体废弃物产生后，产生者考虑的是通过什么样的路径进行排放，政府考虑的重点是如何能够实现资源化与无害化的处理。因此，要减少城市固体废弃物的负外部性，政策设计就要变"末端治理"为"源头减量化控制"。通过鼓励静脉产业领域内的技术创新和工艺创新，通过产品设计和新材料的使用减少生产过程中废弃物的产生，鼓励企业产品不要过度包装，以减少消费领域内的包装废弃物。

第二节 科 学 管 理

对城市固体废弃物进行科学有效地管理，是减少城市固体废弃物负外部性的主要手段。当前，要构建我国静脉产业体系，实现城市固体废弃物处理的环境与资源效益，就需要建立完善的管理体系，对静脉产业的各个参与主体进行有效地管理。

一、法规管理

法律体系的完善是促进静脉产业健康发展的基本保障，静脉产业的各个主体的经济行为有法可依，能够有效地减少废弃物排放外部性，提高资源回收使用率。从发达国家静脉产业发展的经验来看，静脉产业较为发达的国家都有比较完备的立法体系。

我国在城市固体废弃物处理领域的立法落后于西方发达国家，目前在该领域的法律基本上还是停留在框架法与基本法的立法阶段，对于具体废弃物处理方面的专门法律还是一片空白，主要靠行业管理标准与暂行规定等来代替法条。现有的与城市固体废弃物处理相关的法律主要有以下几部，如表7-3所示。

表 7-3 我国与城市固体废弃物处理直接相关的主要法律

立法时间	法律名称	主要内容
1979/1989	《中华人民共和国环境保护法》	明确对"废渣"实行综合利用,第一次在法律上对废弃物的综合利用做出规定
2003	《中华人民共和国清洁生产法》	采取适当的财政税收政策鼓励清洁生产的推行,以实现从源头消减污染,提高资源利用效率、促进再生资源的回收利用及其技术开发
1995/2005	《中华人民共和国固体废物污染环境防治法》	国家鼓励、支持综合利用资源,对固体废物实行充分回收和合理利用,并采取有利于固体废物综合利用的经济技术政策
2008	《中华人民共和国循环经济促进法》	指出发展循环经济要遵循统筹规划、合理布局,因地制宜、注重实效,政府推动、市场引导,企业实施、公众参与的基本方针,鼓励循环经济领域的技术创新,加强该领域的国际合作等

从表 7-3 中与城市固体废弃物处理相关的法律看,我国在该领域立法的主要导向还是环境主义,重点在于减少污染,对于**废弃物资源化**方面的立法还比较薄弱,现有的法律体系直接与废弃物资源化处理紧密相关的是 1995 年出台、2005 年实施的《中华人民共和国固体废弃物污染环境防治法》,该部法律的原则性与指导性很强,但在基层可操作性不够,在这部框架法下面没有**配套的专门法律**,目前我国对于废弃物资源化只有《再生资源回收管理办法》,还没有针对再生资源产业链体系上延伸出的分支法律,像国外《资源综合利用法》等专门法律,还需要进一步研究制定,今后还应该加强具体废弃物的立法,如《建筑废弃物处理法》《医疗废物处理法》等类似的法律。为了我国立法体系的不足,我国还出台了一系列相关规定,如表 7-4 所示。

第七章 我国静脉产业体系构建的路径

表 7-4   我国出台的与固体废弃物处理直接相关的主要规定

时间	规定
1996 年	进口废物环境保护控制标准——废五金电器（试行）
1998 年	生活垃圾填埋污染控制标准
2002 年	危险废物填埋污染控制标准
2005 年	医疗废物集中焚烧处置工程建设技术规范环境标志产品技术要求再生纸制品
2007 年	危险废物（含医疗废物）焚烧处置设施二噁英排放监测技术
	废塑料回收与再生利用污染控制技术规范（试行）
	再生资源回收管理办法
2009 年	清洁生产标准废铅酸蓄电池铅回收业
	废弃电器电子产品回收处理管理条例
	危险废物（含医疗废物）焚烧处置设施性能测试技术规范
	铝工业发展循环经济环境保护导则
	钢铁工业发展循环经济环境保护导则
2010 年	生活垃圾填埋场渗滤液处理工程技术规范（试行）
	废矿物油回收利用污染控制技术规范
	废弃电器电子产品处理污染控制技术规范
	危险废物（含医疗废物）焚烧处置设施性能测试技术规范
	关于组织开展城市餐厨废弃物资源化利用和无害化处理试点工作的通知
2011 年	稀土工业污染物排放标准
2013 年	关于发布《进口废塑料环境保护管理规定》的公告

从目前我国出台的针对城市固体废弃物管理的主要规定来看，我国对城市固体废弃物的法规管理主要是集中在特定固体废弃物与资源化发展水平较高的废弃物上，如医疗废弃物与危险废弃物、电子废弃物，而对普通废弃物管理与一般废弃物的各个处理环节的管理规定并不是十分完善，有些规定在实践中操作性不强、不同的法律与规定几乎都包含财政、信贷、税收等方面的优

惠政策，反映了我国政府迫切发展循环经济、实现节能减排的强烈愿望，但是这些管理条例之间缺乏有效的关联性，在实践中难以形成"合力"。

二、协会管理

组建行业协会，实现行业自我管理，自律发展是许多发达国家发展静脉产业的主要经验。我国在静脉产业领域内的主要协会有"中国资源综合利用协会""中国物质再生协会""中国再生资源行业协会"等主要单位，它们在我国废弃物资源化处理中起到辅助管理的作用。

我国的静脉产业领域内的协会与发达国家相比，无论是在数量上还是在权威性上都有着巨大的差距，如美国废料再生工业协会每年发布的《废料规格手册》很有权威性，我国虽然有像中国有色金属工业协会类似的在实践中发挥了较大作用的协会，但是我国静脉产业领域内的行业协会还具有浓厚的官办色彩，协会的独立性不强，难以在行业发展中发挥重要作用。

因此，在我国静脉产业发展中，让行业协会真正起到在政府与行业之间沟通协调，促进行业自律发展的作用，就要从政府与协会之间的关系、协会自身能力建设等方面入手。一方面，理顺政府与协会之间的关系，完善协会的职能，政府应减少控制行业和直接管制企业的行为，将行业发展规划制定、行业标准的制定、行业数据的发布、质量认证、行业服务等职能回归给行业协会。并建立完善行业协会社会保障制度。行业协会是非营利性组织，政府要给行业协会以资金的支持，维持行业协会的正常运转，同时给协会的工作人员办理社会保障，确保协会人才队伍的稳定，并完善对协会的评估考核与激励机制。对业绩突出的协会给予表彰，对没能在实践中很好发挥作用的协会予以撤销。

另一方面，行业协会要不断加强自身能力建设。首先，要建立职业化的工作队伍，要把行业中的专家、学者、工程技术人员吸收到协会里来，逐步形成一个分工协作、优势互补、规范有序的服务网络体系，积极发展新会员，不断扩大影响力。其次，要不断提升自身的能力建设方面，开展行业调查，掌握行业动态，为企业提供国际国内市场信息；开展法律法规、政策、技术、管理等信息咨询服务等多数企业无法做到的事情或者不愿意做的事情；组织人才、技术、职业、管理等培训，指导和协助会员企业改善经营管理；代表和组织会员企业开展反倾销、反垄断、反补贴等调查、诉讼和应诉，开展贸易救济的申诉；开展国内外经济技术交流与合作，组织开展产品展示、研发设计、招商引资等服务。最后，协会要真正从行业利益出发，代表行业与政府沟通，并在行业内部维护公平竞争规则，规范行业行为，实现行业自律发展。

三、全程管理

从发达国家静脉产业发展的经验来看，从"摇篮到坟墓"的全过程管理对于提高城市固体废弃物回收率，实现城市固体废弃物的资源价值；促进废弃物流向处理效率高、效果好的企业和最终处理部门；防止非法丢弃带来的环境污染问题具有重要意义。由于我国在城市固体废弃物管理中存在着部门之间职能交叉，在废弃物处理产业链的诸多环节出现了脱节与断层的现象，没能做到全程监控，影响了静脉产业运行效率和处理效果，甚至产生非法丢弃，造成了环境的"二次污染"。要促进静脉产业的发展，实现静脉产业的经济、环境与社会效益，就要对废弃物从产生到最终处理进行全程监控。

来源于企业产生的一般工业废弃物，产生量比较大，可以通过对企业的检查、监督，促使企业将产生的废弃物有序进入中转与最终处理系统，鼓励企业自建废弃物处理设施，实现工业废弃物在企业内部就地消化；促成生产企业与废弃物企业之间的合作，生产企业将废弃物作为处理企业的原材料，通过交易，实现废弃物资源化处理。我国部分工业企业在城郊或农村卖地挖坑，将工业废弃物不加任何处理直接填埋，甚至废弃物中含有大量的有毒、放射性物质和化工原料，不仅占用了大量的土地资源，还污染了地下水和土壤，因此建立完善管理体制，杜绝污染从城市向城郊、农村转移的长效机制势在必行。并对企业的管理实行生产者责任延伸制度（EPR），将生命周期评价方法运用到对企业的管理中，将生产者的责任延长至产品生命周期的所有阶段。

城市固体废弃物中的生活垃圾成分十分复杂，生活垃圾中含有大量能够再生的资源，如废纸、废金属、木材等；也有一些有害物质，如电池或报废的电子类产品中的部分有害物质。对生活垃圾处理进行全过程管理，减少随意丢弃和不加分拣带来的环境污染与资源浪费。首先，要提高市民的环境保护意识，让市民意识到环境与生活质量之间的关联性，形成爱护环境、节约资源的社会美德。其次，要设定政策机制让人们能够在家中就能够实现对废弃物的分拣、分类，能够再生的部分保留下来卖给回收者，政府的垃圾回收设施应该有更细的分类，将金属、木材、玻璃、厨余垃圾、衣物、纸张、木材等分开，条件成熟的情况下，可以给每户配备一个类似的垃圾桶，而不是目前大部分城市的垃圾桶只分为"可回收"与"不可回收"两大类,由于我国环境宣传的力度不够,大部分居民对生活垃圾中哪些成分是"可回收",哪些是"不可回收"的物质,并不是十分清楚,由于家庭生活垃圾袋装化,结果是每家每户都是将家中所有的生活垃圾放在一个垃圾袋中丢进垃圾桶,目前政府至少应该在垃圾桶上注明可回收与不可回收物质的种类。这方面,国外的经验值得借鉴,日本是个典型的人多地少的国家,而在日本的垃圾桶分成不同的单元,对废纸、电子产品、金属、其他垃圾等做了细致的分类,生活垃圾排放者必须按照分类将生活垃圾放在不同的单元内,这样就大大减少了分拣的成本,提高了静脉产业链的运行效率和资源回收率。

对生活垃圾进行全过程管理除了在源头上进行控制以外,对处理环节的管理也必须加强。如前文所述,我国回收组织化程度低,回收、拆解环节缺少大企业的参与,更多的是一些"夫妻店"和"散兵游泳"个体回收者,只是将生活垃圾中一部分进行分拣、拆解,其余部分被非法丢弃;拆解、清洗过程中产生的废水随意排放,造成了"二次污染"。应通过提升回收环节的组织化程度,加强对中间处理环节与最终处理环节的管理。

四、管理优化

目前,世界上流行的管理体系主要有三种类型:分散型、专门型与统分型(统一分工与专门负责)相结合的环境管理体系。而统分型的管理模式是多数国家采用的形式,一般都有一个受当地政府直接控制的再生资源管理机构,各个部门在促进再生资源发展过程中有着明确的分工与合作关系。如美国由矿业资源局和国家环保局负责；英国则由废弃物管理大臣负责；日本设有环境省负责资源的再生利用。在国外的管理体系中，行业协会处于重要地位，起到联系政府管理机构与企业之间桥梁的作用，如美国的北美洲固体废弃物协会，日本仅包装材料回收利用组织就有玻璃瓶循环使用联盟、铝罐处理协会、聚酯瓶回收使用促进工会等；欧洲早在1948年就成立了国际再生资源行业组织——国际回收局，目前已有800多个国际会员，其中包括中国有色金属工业协会再生金属分会在内的40个国家级回收组织和750个独立会员。国外负责再生资源产业管理的政府机构与行业协会之间有着明确的责任划分，政府主要制定政策与法律、税收等；协会组织拟定再生资源的行业发展规划，参与有关法规、技术标准的制定与实施，代表本行业与政府对话等。

我国对废弃物处理体系管理存在着"政出多门、多头管理"的现象，虽然各个部门有着不同的职责划分，但是还存在着职能交叉的情况，政府的"越位"与"缺位"现象同在，在静脉产业链运行的不同环节管理的主体不同，造成管理脱节，产业链运行效率不畅。我国形成的"商业部门管回收、工业部门管利用、环保部门管治理"的基本格局还没有彻底得到改变。因此，在促进我国静脉产业发展中，要对我国静脉产业管理的部门体系进行优化，以再生利用的工业部门管理为主导，将回收的行业管理纳入进来，形成综合管理，而环境部门做好相关的法律法规建设，普及环境教育等方面的工作。

总之，城市固体废弃物管理涉及的对象广，产业链环节多，废弃物的管理本身十分复杂。因此，要建立科学的管理体系，形成综合管理的局面，以法律法规为依据；参照行业标准，发展行业协会，重视行业协会在城市固体废弃物管理中的重要作用，理顺"政会关系";构筑媒体、大众参与城市固体废弃物的监督机制,保障社会公众对环境问题的知情权。能够有效地促进我国静脉产业的发展,提高静脉产业体系的运行效率,实现我国社会经济的长期可持续发展。

第三节 环境教育

静脉产业发展还需要环境教育体系的支撑。全民环境保护意识提升,能够促进他们关心、爱护环境,举报、劝阻他人破坏环境,并对自己产生的废弃物进行分拣、分类,合理处置,节约静脉产业链运行成本,提高静脉产业运行效率。因此,建构静脉产业体系,需要以广泛深入的环境教育体系为支撑。

一、学校的环境教育

环境教育要从孩子抓起。孩子是祖国的未来,他们从小培养的环保意识会内化成一种美德,养成习惯,对于我国未来环境质量的改善有着长远意义和战略意义。父母要身体力行,以身作则,为孩子做出榜样,在学龄前,就要培养孩子强烈的环境保护意识,养成"不乱丢弃"的习惯;对孩子喜闻乐见的一些动漫题材的影视作品,要加入环境教育内容,让孩子在快乐中潜移默化地受到环境教育;孩子用的产品上的一些标识也要体现环境保护的特征。人的习惯会影响人的一生,从小养成了爱护环境的好习惯,长大后必然会有强烈的环境保护意识。

当孩子进入学校后,不仅要面对沉重的学校学习,还要被父母逼去参加各种补习班、培训班等，孩子很少有机会接触大自然，亲近自然，了解环境，很难谈得上进行环境教育。家庭环境教育的缺失，给学校的环境教育提出了更高的要求，虽然我国的中小学教育逐步推广素质教育，教材中有了一些关于环境保护的内容。但是，总体来说，我国的中小学的应试教育模式还没有从根本性转变。学校里更关注的是升学考试占有较大比重分值课程的教学，语文、数学与英语等主要学科投入大量的教学时间，而对于一些升学考试占比很小或者根本不考的学科，社会、自然、生物、地理等与环境保护密切相关的学科，学生和老师投入的精力都很少。每年学校应该组织学生春游，本来是城市学生接触大自然少有的机会，但是有些学校因为安全问题连这少有的机会都不给学生。

培养孩子们的环境意识，要将环境教育寓于课堂教学之中。首先，在教学素材的选用上，要多一些环境污染危害的案例。如语文教材中可以多增加一些与环境保护相关的课文；数学教材中要有废弃物处理带来的资源，产生效益等方面的计算；地理教材中，多一些环境污染带来的危害，以及世界各地环境保护先进国家和地区的资料，将"我们只有一个地球"等理念写进教科书。其次，对老师的引导，要求老师要给学生们传递环境保护的理念，在课堂授课的过程中，尽可能多一些环境保护方面的例证。再次，可以举行环境知识方面的竞赛与讲座，评选每周的"环境保护"之星等，让学生们争做环境保护的先进者、宣传者。最后，在大学教育中，要多开设一些如再生资源、环境保护等方面的专业，多办一些环境方面的学术讲座等，将环境教育与环保意识的培养寓于课堂教学之中。

二、社会的环境教育

发展静脉产业，处理城市固体废弃物，实现废弃物处理的再使用、再循环与资源化的目标，要形成全社会关心爱护环境的良好社会氛围。

媒体和舆论是环境文化形成的重要推动力量。2007年，环保总局副局长潘岳曾经指出："推动环保事业，舆论监督功不可没"，表明了媒体与舆论在环保事业发展中的重要作用。随着我国环境保护事业的发展，从20世纪80年代以来，我国兴办了许多环境保护方面的报纸、杂志，如《中国环境报》等专业性的报纸，《人民日报》《光明日报》《中国青年报》《工人日报》等全国性的报纸也有关注环保方面的专栏，电视、网络与广播等受众较多的媒体对环境问题也进行了密切关注，对于改善环境质量，提高公民的环保意识起到积极作用。长期以来，在我国经济发展中，重视经济发展的总量，忽视经济发展的质量，重视GDP，忽视环境保护与资源的承载力，在此过程中，造成了严重的环境问题。虽然，从改革开放初期，就有许多人意识到这种"先污染、后治理"的发展方式的严重后果，但是环境问题并没有进入社会公众的视野，并没有在我国社会形成热门话题。2005年，国家环保总局叫停了上千亿元的对环境具有破坏作用的项目，2006年年底的松花江重大水污染事件，2007年太湖水危机事件，2011年对山西文峪河污染事件等，新闻媒体进行密集报道，才使得环境保护问题逐步成为当今社会公众广泛关注的话题，逐步成为我国环境文化形成的重要推动者。因此，要发挥各种宣传渠道的力量，营造全社会关注环保，自觉环保的良好氛围。

首先，广泛利用媒体的力量。电视媒体的广泛传播性是全民环保意识培养的最佳渠道，国家与会同媒体主管部门要求省级以上的电视台每天都要有环境保护方面的栏目，并将栏目安排在黄金时段，要求电视台在播放电视连续剧中间插播环境保护方面公益性广告；省级媒体管理部门要求市（县）级电视台，有条件的市（县）鼓励做类似的节目，条件不成熟的电视台必须播放环境保护方面的公益性广告；网络媒体是我国目前信息传递的又一大通道，文化及其相关管理部门也可以要求主要的门户网站插播关于环境保护方面网络广告；每个省发行量最多的报纸也必须要有环境保护方面的专栏；城市公交车车站的站牌等地方可以有这样的户外广告，依靠传媒的力量与宣传，将环境保护的理念反复传播给每个国人，提高大家的环境保护意识。

其次，借助民间组织的力量。在发达国家环境保护过程中，民间组织在唤起民众环境意识、监督举报破坏环境的行为等方面起到重要作用。目前，我国环境保护组织在环境教育方面起到的作用还十分有限，社会影响还不够，还需要大力培育环境保护领域的民间组织，提供民间组织成长的土壤。民间组织是建立在公众自愿的基础上，依靠公众的广泛参与，不以营利为目的，通过致力于环境保护而树立的公信力。民间组织代行了部分政府职能，有效地弥补了政府"缺位"问题，唤起了民众的环保意识，民间组织的力量应受到充分重视。

民间组织虽然是自愿参与，但领导班子对组织活动的开展和功能发挥有着至关重要的作用，因此发展民间组织首先要选好领导班子，从民间组织成员中选出热心于服务、具有强烈环境意识，有着一定的环境保护方面的知识，最好还能在组织成员中间

第七章 我国静脉产业体系构建的路径

有一定影响力的人作为组织的领导班子。经费是民间组织开展活动的基础，我国环境保护领域的民间组织之所以没有能够形成足够的影响力，与活动经费紧张，活动次数有限有着一定的关系，政府相关部门要给予民间组织一定活动经费，同时发动相关的企业和社会公众为组织捐款，保证组织活动的正常开展。在尊重组织会员意见的基础上建立健全组织活动的规章制度，加强对组织的管理，将组织活动制度化、常态化、正常化，才能将组织成员凝聚起来，发挥组织的作用，不断提高协会的社会影响力，为全社会环境保护意识的提升做出贡献。

最后，政府在环境教育中应起到主导作用。2010年，环境保护新闻宣传和环保教育工作继续加强，通过开展各类面向社会宣传教育活动，动员社会各界积极参与环境保护。全国召开环境类新闻发布会249次，发布环境类新闻通稿5.6万篇，组织宣传活动11296次[1]，以后还要持续加强宣传力度与广度。政府官员应提高绿色决策和依法行政的基本素养，将生态文明、环境保护寓于自己的日常工作中；做好环保信息的及时公开，定期向社会公布环境质量，城市环境工作的进展，让公众有知情权是培养他们环境意识的基础。要求企业对自己的环境行为向社会公开，依据企业环境保护的水平，来评定它们的等级，根据环境评定的等级，给予有差别的信贷、税收等方面的政策，促进企业有参与环境保护的积极性。推行环境保护的信访与听证制度，将环境保护置于全社会关注之下，拓展公众环境信访、上访渠道，建立长效机制，及时与社会沟通、协调解决环境问题。此外，政府还应提供环境教育基地建设，鼓励生态农业基地、科技馆、城市广场、

---

[1] 中华人民共和国环境保护部官方网站。

环境友好单位等开展环境教育，让这些地方成为对公众进行环境教育的基地，并给这些单位给予有力的支持。

第四节　构建静脉产业体系的其他方面

一、绩效考评

在我国经济发展中，吃够了重视数量忽视质量，重视外延忽视内涵的苦。在城市发展中重GDP，忽视GDP来源付出的资源与环境成本，造成了我国经济发展与城市建设具有粗放型的特征，结果带来了严重的环境问题与资源浪费，而且这个问题随着社会经济的发展越来越严重。为了寻求经济长期发展的产业支撑，改变现有资源使用结构，鼓励利用再生资源取代原生资源，进而实现我国经济的长期可持续发展，需要将绿色发展、资源综合利用、环境保护与改善等涉及社会经济长期可持续发展的相关指标引入政府的绩效考评体系中，实行环境问题问责制和地方政府负责制，将环境改善作为政府绩效考评的重要依据，鼓励各地从国家产业结构调整的方向与地方现有的产业结构现状出发，积极探讨废弃物综合利用模式。

2012年北京市将污染物总量控制、PM2.5改善情况等相关的环保指标纳入各级政府绩效考核体系中，将这些指标与各级政府领导干部的职务升降挂钩，"对于环保未达标的地区、发生重特大突发环境事件的地区，政府主要负责人将被监察和上级环保部门约谈，启动行政问责。而该地区各项建设项目（不包括民生

第七章 我国静脉产业体系构建的路径

工程、节能减排、生态环境保护、基础设施建设项目），一律暂停审批"①。各个地方应学习北京市的做法，将相关的环保指标纳入地方政府的绩效考评中。2013 年 3 月，针对我国许多城市越来越沿严重的雾霾问题，部分"两会"代表也提出将 PM2.5 治理纳入政府绩效考评体系中。

从我国目前的废弃物处理发展状况来看，相比其他形态的废弃物处理，污水的处理是"三废"处理中成效较为突出的，而大气污染问题越来越严重，各地虽然都对 PM2.5 等指标进行检测，发布空气质量报告，但是各地工厂的烟囱、秸秆焚烧产生的气体问题依然没有从根本上得到解决；固体废弃物处理中，静脉产业发展还不能完全满足我国固体废弃物处理的需要，近年来我国每年城市固体废弃物贮存量基本上维持在 2 万吨以上，表明我国城市固体废弃物处理压力还很大，而且在我国城市固体废弃物处理方式上，填埋与焚烧是两种基本的处理方式，填埋对于环境的危害会随着时间的推移逐步表现出来，而焚烧产生的危害，不仅体现在资源的浪费上，对空气质量也有着直接的影响。

环境问题具有综合性，要得到标本兼治的效果，不仅要将相关的气体环保指标纳入政府的绩效考核中，还要将废弃物综合利用率、生活垃圾无害化处理率等指标与气体排放 PM2.5 一起纳入政府的绩效考评中去。

二、区域协整

2009 年，哥本哈根全球气候会议上，努瓦图的总统指出：

---

① 环保指标纳入政府的绩效考核 [N]. 北京晚报，2012 - 2 - 17，第 4 版.

"全世界的人民必须给努瓦图道歉"①，表明了环境问题的整体性和严峻性，需要各地协调行动，共同处理废弃物，才能实现治理环境的最终目标。但在我国环境治理上，存在着地方保护主义，"以邻为壑"的现象，各个地方都从本地利益出发，而缺乏整体协调的行动。以鄂豫皖苏四省的淮河流域为例，国家一直都十分重视对该流域污染的治理，投入了大量的资金，做了大量的工作，如国家在20世纪90年代沿淮各地的星罗棋布的小型工业企业，进行了"关、停、并、转"，但是各地从本地经济发展的地方短期利益出发，并没有完全切断污染源，任何一个地方的污染源通过水体的流动影响到整个流域，致使淮河流域的污染问题难以从根本上解决。

环境的公益性与治理的长期性特点，地方利益短期性与局部性之间的矛盾，造成环境协调治理的难度与复杂性。各地从本地区，本部门利益出发，减少或不愿意投入大量的资金，从事这种花费大，政绩在短期内不明显的环境治理项目，并试图将污染源转移到地区间公共资源领域，如河流、山区等，将污染转移，甚至转嫁。所以，在发展静脉产业，提高废弃物处理水平中要破除地方保护主义，形成区域联动，协调治理的局面，避免"公地悲剧"的发生。

三、技术创新

静脉产业的发展需要现代科学技术的支撑，没有科学技术的

---

① 努瓦图是南太平洋上的一个由珊瑚礁组成的岛国，温室气体引起全球气候变暖，导致珊瑚死亡，该国的国土面积不断减少。

第七章 我国静脉产业体系构建的路径

支撑，静脉产业就会变成劳动密集型的、低附加值的低端产业，无法发挥在产业结构转型升级中应有的作用。当前，我国城市固体废弃物处理产业主要应发展以下几项技术，来支撑静脉产业体系的运行。

（一）减量化技术

环境主义导向是静脉产业发展的基本方向之一，利用静脉产业将城市固体废弃物资源化，是实现减量化目标的主要方向。当然，也可以通过延伸生产者责任制度、收费、改变企业在产品设计与包装环节的减物质化的目标，从而实现废弃物排放的减量化。但是在保证产品质量与性能的同时，减少资源在产品中的使用，是需要减量化技术作为依托的。否则，政策上的约束形成的减量化无法持久。

（二）替代化技术

通过技术革新，开发对应的新能源、新工艺、新材料、新产品来替代原先的能源、工艺、材料和产品。提高资源利用率，清洁生产，降低生产、生活对环境的负载。

（三）产业共生技术

也即把各种企业和产业混合在一起，以此来共同生产、共同促进资源的高效利用。在日常生活中经常遇到这样的情况，某个企业的废品或者废弃物恰好是另外一个企业所需要的原材料。在空间布局时，把可能具有互补效应的产业安排在一起，这就可以大幅度的增加生产的效率，降低废弃物的产生，减少资源不必要的耗费。

（四）信息技术作支撑

必须建立公共基础数据、人口、社会经济、资源、生态、环境和灾害等信息库，实现基于高速网络基础上的、面向社会各界的、具有数据分析与处理能力的信息共享和信息服务体系，必须建立适应于政府决策的信息共享网络，形成完善的为循环经济发展提供服务的信息平台。

（五）技术创新是推动静脉产业发展的重要力量

国家应加大在再生资源（材料）循环利用方面的技术研发投入，同等对待再生资源的技术开发与传统资源的开发。如在废弃电器电子产品回收领域，不规范的拆解、提取原材料活动是造成废弃电器电子产品严重污染环境、损害人体健康的主要原因，成为制约该行业发展的"瓶颈"。其核心原因就是该回收领域在拆解、处理、提取等关键环节采用露天焚烧、强酸浸泡等原始落后的技术和方式，先进、无污染的整体回收技术严重缺乏。

技术创新应建立以企业为主体、市场为导向、产学研相结合的创新体系，支持以企业为主体的，材料循环利用领域的重点实验室和工程技术中心，构建并完善环保产业发展所需的公用技术平台，全面提高创新水平。把引进高新技术与自主创新相结合，自主研发废物分类回收和综合利用的新技术、废物减量化技术、最终废物的安全处置技术等，提高再生资源的科技含量和附加值。

第八章

结论与展望

第一节 研究结论

本书以城市固体废弃物（主要是对生活垃圾与一般工业废弃物，对危险废弃物涉及较少）为研究对象，基于产业链运行与产业在城市的空间布局与组织，建构了我国静脉产业体系。循着生态学的基本规律，将静脉产业链的不同环节、静脉产业不同规模层次，通过分工与合作；聚集与分散在静脉产业体系内达到共生共荣，共同发展。通过研究，本书得出的主要结论有以下几点。

（1）发展静脉产业需要构建静脉产业体系。静脉产业涉及的客体对象复杂，既包括了很容易就能恢复获得资源使用价值的废旧物质，也包括了需要运用专门设施、大量投资才能获得的再生资源（如垃圾发电等）。而我国不同废弃物资源化处理水平存在着明显的差异；同时，静脉产业运行环节较多，各个不同的环节对技术要求也不尽相同。如我国的废旧金属的回收及废弃电子的回收等行业，企业进入的积极性较高，甚至还形成了专业化的处理基地，虽然这些行业与发达国家的发展水平还有一定的差距，但在我国已经体现出了快速成长的态势，行业也由初期的盲目、自发发展向提升组织化程度，利用产权关系重组，追求规模经济发展的新阶段。

静脉产业的发展涉及多方利益，包括政府、各类企业、个人与社会组织、舆论媒体等，它们在静脉产业发展中的目标是不同的。企业进入静脉产业领域是为了获得从废弃物资源化处理中获得利润，经济目标是其基本的目标；而政府处理废弃物直接关注的是环境利益，治理环境污染，实现环境质量的改善、修复已经被破坏了的生态系统是其重要目标；此外，政府站在一定历史阶段的国家发展战略高度，系统规划设计产业发展体系，以符合国家的长远利益与战略目标，实现节能减排，鼓励符合全国乃至整个人类长远发展的利益目标、社会目标的统一。因此，要将静脉产业发展目标、利益相关的主体、客体有机结合起来，形成"合力"，促进静脉产业发展，就需要构建静脉产业体系，发挥静脉产业在经济发展、扩大就业、转变社会利用资源的方式，实现经济结构转型与升级、改善环境等方面的作用。静脉产业体系在产业链运行层面上表现为回收、中间处理与最终处理等环节有序连接，形成合理的分工与合作关系。在城市布局层面上，则表现为生态文明建设、静脉产业园区的规划、废弃物交易平台、旧货市场及社区回收网络体系的合理分布。这种纵向的产业链运行体系与横向的城市静脉产业的空间组织体系在政策、管理等产业外部体系的支撑下，能够形成系统，并发挥出系统的最大功能。

（2）按照共生学的原理处理产业体系组成单元之间的关系，需要政府指导与市场驱动。静脉产业体系构建起来后，要实现体系的稳定发展，则要求体系的各个组成单元能够在体系发展中获

第八章 结论与展望

得好处，至少要比游离于体系以外的同类主体获得更多的利益，体系对经济主体才有吸引力。按照产业共生学原理，从聚集与分散、分工与合作、城市间不同特色的静脉产业之间优势互补，良性互动的角度建立起共生结构。在这种结构下，园区能够获得集聚经济带来的正的外部性；大企业能够取得规模化与一体化带来的成本节约；小企业则通过专业化的分工找到自己的市场空间，并通过与产业链内其他实力更强、抗御市场风险能力更大的经济主体之间建立稳固的合作关系和契约关系，从而能够与体系中其他组织形式的经济主体达到共生共荣。废弃物处理企业通过与生产企业之间的稳定、长期的供求关系，形成稳定的合作关系，达到共生共存。

然而，在实践中，体系不同的组成部分之间则存在着矛盾，这种体系内部的矛盾影响了系统功能的发挥和体系的正常运行。在产业链层面上，造成不同产业链的运行环节出现脱节，甚至断层，从而影响了静脉产业体系整体功能的发挥；在城市之间，相邻的城市出现类似的再生资源产业，静脉产业结构趋同化问题比较突出；在城市静脉产业布局上，体现在园区、交易平台（网络）、社区回收网络之间衔接不畅，从而造成了静脉产业体现的断层、断链。所以共生机制形成需要由来自外部的力量促使静脉产业体系的稳定与协调。

政府是静脉产业体系的管理者，拥有其他主体不可比拟的力量与资源。政府应通过完善的政策设计与管理规范产业之间的竞争行为，维护合理的产业关系，对静脉产业体系的不同组成单元要使用差别化的政策。

从产业链体系来看，变"末端治理"为源头防控，着力点在于废弃物的减量化，改变"先污染，后治理"的被动局面；而当废弃物产生后，政策的重点应放在改变排放路径上，鼓励废弃物产生者将废弃物进行再使用或进行市场化交易，严格限制越境排放、非法排放行为。加强对回收环节的组织化的引导，鼓励社区回收网络"收编"个体回收者，推动回收者合作经济组织发展，将分散的回收者组织起来；对拆解、分拣等中间环节进行严格管理，防止出现"二次污染"；对最终处理环节要加快市场机制的引入，放松管制，解除垄断，降低进入壁垒，使得静脉产业这一蕴涵无限商机的产业对更多的投资者有吸引力，进入政策性壁垒低，并能在静脉产业领域创业发展。

在处理大小企业之间的关系上，政府应引导大企业在静脉产业领域内进行技术研发，鼓励大企业从事最终处理环节的处理，以发挥大企业在整个体系中的带头作用；同时给予中小企业以资金等方面的支持，帮助小企业度过初创期、成长期的难关，并做好环境基础设施方面的投资与信息披露。

在城市产业布局上，改变目前静脉产业园区"叫好不叫座"的尴尬境遇。引导废弃物处理企业进驻园区，获得外在规模经济带来的成本节约、信息共享等好处。建立城市废弃物虚拟的交易平台，管理规范旧货市场、社区回收网络体系等中间交易环节的交易秩序，科学规划静脉产业园区、废弃物交易的中间环节与社区回收环节的空间分布，降低废弃物产生者将废弃物资源化、市场化的交易成本，实现静脉产业在城市的合理布局。

市场化是静脉产业各个组成部分之间关系内生的驱动力，市场的选择是静脉产业体系得以实现自动稳定的主要力量。应加快废弃物市场化发展步伐，依靠市场机制来调整体系之间不同经济主体的利益关系，实现静脉产业体系动态稳定。

（3）再生资源取代原生资源存在着边界。静脉产业能够产生

第八章 结论与展望

再生资源，再生资源能够取代原生资源，从而缓解经济发展对原生资源的依赖，实现产业结构的转型，最终促进经济发展模式从单程经济走向循环经济，进而促进人类社会的可持续发展。但是，再生资源替代原生资源多数场合是由企业来实现的，当然消费者之间的废旧物质的交易，也能实现废旧物质的再使用，如不同消费群体消费结构、收入结构存在差异，消费结构高，收入水平高的消费者会将废旧物质卖给收入低的消费者，实现了废旧物质的再使用，也能实现再生资源对原生资源的取代。

企业作为创造社会财富的主要承担者，绝大多数的生产行为与交易行为是通过企业来实现的。再生资源取代原生资源的决定因素是企业在生产过程中的在原材料选择的决策行为，即企业采用原生资源还是用再生资源来生产，按照微观经济学的分析架构，取决于使用两类资源带来收益的大小，所以当两类资源能够带来相同收益的时候，企业才开始权衡使用哪种资源；反之，企业会选择给它带来较大收益的那类资源作为原材料。所以，从这种思路出发，根据经济学中著名的命题"伯川德悖论"的启示，得出再生资源取代原生资源发生在两类资源能够给企业带来相同的利润时，而当再生资源能给生产企业带来的利润高于原生资源则可以实现完全取代。

（4）环境教育是静脉产业发展的重要支撑。环境教育的普及和环保观念的深入人心，才能减少随意丢弃，并在丢弃前将废弃物进行适当的分类、分拣，减少废弃物回收与中间处理环节的成本，提高产业链运行效率和废弃物循环利用率，促进静脉产业的发展。所以，借助各种渠道，各种工具，全面深入地对国民进行环境教育，对于提高我国城市固体废弃物处理水平，促进我国静脉产业的发展意义重大。

第二节 研究展望

本书虽然写作暂时告一段落,但还有一些问题需要继续深入探索。目前,我国城市固体废弃物处理产业已经由初期的自发、盲目的状态向自觉、有序的组织化方向发展,基于我国静脉产业发展现状和本书已有的研究结论,笔者将在以下几个方面进一步进行探索。

(1) 探讨静脉产业体系对于产业结构转换的长期路径,以及在这种转换过程中,产业关系的重塑和经济稳态增长路径的保持。随着社会经济的发展和我国产业结构的转换,要提高静脉产业在我国产业结构中的比重,提高静脉产业对国民经济增长的贡献作用。但是,如何从国家战略的高度,结合经济学的基本理论,对静脉产业体系的产业结构长期转换的效应进行分析,在产业结构调整中,研究静脉产业与其他产业之间的关系,如:静脉产业与其他产业在使用要素、人才资金等方面的竞争格局和合作机制等问题。如静脉产业体系的发展对于产业结构中其他相关产业的影响,以及在进行产业结构调整中,从长期动态发展的角度,寻求中国经济增长的稳态路径,以及产业结构系统对于经济偏离这种稳态路径的自动纠错能力,以实现产业结构调整的平稳过渡和经济的稳定增长。

(2) 市场内生的"自组织",与国家和产业政策外部推动的"被组织",提升回收领域市场集中度的方略。产业化与市场化是我国今后和未来一段时间内静脉产业发展的主要方向。回收在静脉产业体系中处于非常重要的地位,不仅是静脉产业链运行的

第八章 结论与展望

起点,也是进行静脉产业在城市布局的基点。市场导向下,回收领域会出现"自组织",即相关的静脉产业主体的联合自强,以及借助政策导向进行"被组织",这种"被组织"实现的具体方略,如利用企业整合回收者等微观策略问题的研究。

(3) 废弃物的跨界污染防止机制的建立。在我国城市固体废弃物处理领域,出现了城市固体废弃物郊区处理,以及城市固体废弃物包围农村的状况。在地方利益的驱动和国家对废弃物处理企业管理不完善的背景下,废弃物排放者有着跨界排放的心里动机,如何防止这种跨界行为的产生,将是本书需要进一步思考的问题。

(4) 改变中国从国外进口垃圾,变提高国内城市固体废弃物回收使用率的经济政策导向。我国每年从日本、美国等国进口大量的垃圾,而国内的城市固体废弃物资源化水平并没能大大提高。在多边自由贸易框架下,如何应用经济政策保护我国幼稚的静脉产业,减少垃圾进口,实现废弃物处理企业主要使用国内产生的废弃物,对于减少城市固体废弃物对环境的污染,改善我国生态环境具有重要的意义。今后,对减少废弃物进口量的经济政策的设计将会成为理论界关注的一个焦点。

总之,本书的写作并非意味着对问题研究的终止,而是以本书为基础,对相关问题进行进一步探索的基点,笔者将会继续关注我国社会经济发展中的资源与环境问题,将在该领域继续进行研究。

参 考 文 献

外文部分

[1] Alessandra Sessa, Gabriella Di Giuseppe, Paolo Marinelli. Public concerns and behaviours towards solid waste management in Italy European Journal of Public Health [J]. Oxford: Dec 2010. Vol. 20, Iss. 6: 631 –637.

[2] Alexandre Magrinho. Filipe Didelet. Viriato Semiao. Municipal solid waste disposal in Portugal Waste Management [J]. Vol. 26, Iss. 12, 2006: 1477 –1489.

[3] Alshuwaikhat H M. Strategic environmental assessment can help solve environmental impact assessment failures in developing countries [J]. Environmental Impact Assessment Review, 2005, 25 (4): 307 –317.

[4] Bergek, A. and Jacobsson, S. (2010) "Are tradable green certificates a cost-efficient policy driving technical change or a rent-generating machine? Lessons from Sweden 2003 –2008" [J]. Energy Policy, Vol. 38, No. 3: 1255 –1271.

[5] Blengini, Gian Andrea. Participatory approach, acceptability and transparency of waste management LCAs: Case studies of Torino and Cuneo [J]. Waste Management. Sep 2012, Vol. 32, Iss. 9: 1712 –

1721.

[6] Calcott, Paul, and Walls, Margaret. Can downstream waste disposalpolicies encourage upstream "design for environment?" [J]. American Economic Review: Papers and Proceedings, 2000 (90): 233 - 237.

[7] Callan, Scott J. and Thomas, Janet M, "The Impact of State and Local Policies on the Recycling Effort" [J]. Eastern. Economic Journal, 1997, 23 (4): 411 - 423.

[8] Carla Candida de Siqueira Santos1, Rafael da Silva, A critical analysis on waste and environmental education: A case study [J]. Educational Research, Vol. 3 (11), No. 2012: 851 - 859.

[9] Carson, Rachel. Silent Spring [M]. 2d ed. Boston and New York: Houghton Mifflin Company, 1994: 11 - 15.

[10] Christine Longo. Jeffrey Wagner. Bridging legal and economic perspectives on interstate municipal solid waste disposal in the US [J]. Waste Management, Vol. 31, Iss. 1, January 2011: 147 - 153.

[11] Corvellec, Hervé; Bramryd, Torleif. The multiple market-exposure of waste management companies: A case study of two Swedish municipally owned companies [J]. Waste Management. Sep 2012, Vol. 32, Iss. 9: 1722 - 1727.

[12] D. W. Pearce, R. K. Turner. Economics of Natural Resources and The Environment [M]. Baltimore: The Johns Hopkins University Press, 1990: 423 - 430.

[13] David C. Wilson Costas Velis, Chris Cheeseman. Role of informal sector recycling in waste management in developing countries [J].

Habitat International, Vol. 30, Iss. 4, December 2006: 797 - 808.

[14] Don Fullerton, Thomas C. Kinnaman. The economics of household garbage and recycling behavior [M]. Edward Elgar Publishing LTD, MA. USA, 2002: 145 - 152.

[15] Edwards, D. R. and T. C. Daniel. Environmental impacts of on ~ farm poultry wastedisposal — a review [M]. Bioresource Technology 41 (1992): 9 - 33.

[16] Establishing a sound material ~ cycle society Milestone toward a sound material ~ cycle ociety through changes in business and life styles [R]. http://www.env.go.jp.

[17] Ferrara, Ida. Illegal Disposal and Waste Collection Frequency [J]. Pacific Economic Review, May 2011, Vol. 16, Iss. 2: 255 - 266.

[18] Finnveden, G. Bisaillon, M. "Developing and evaluating new policy instruments forsustainable waste management" [J]. Int. J. Environment and Sustainable Development, Vol. 11, No. 2012, 1: 19 - 31.

[19] Gary C. Young. John Wiley and Sons, Inc. Municipal Solid Waste to Energy Conversion Processes: Economic, Technical and Renewable Comparisons [J]. Web: wiley.com. 2010: 384 - 397.

[20] Grimm, Nancy B. , J. Morgan Grove, Steward T. A. Pickett, and Charles L. Redman. "Integrated Approaches to Long - Term Studies of Urban Ecological Systems" [J]. BioScience 50, No. 7 (2000): 571 - 584.

[21] Honma, Satoshi Optimal policies for international recycling between developed and developing [J]. http://mpra.ub.unimuenchen.

de/43703.

[22] Hunce, Selda Yigit. Solidification/stabilization of landfill leachate concentrate using different aggregate materials [J]. Waste Management. Jul2012, Vol. 32, Iss. 7: 1394 – 1400.

[23] Ino, H. Optimal environmental policy for waste disposal and recycling when firms are not compliant [J]. Journal of Environmental Economics and Management, 2011 (62): 290 – 308.

[24] Jacobsen R. Cost comparison between private and public collection of residual household waste: Multiple case studies in the Flemish region of Belgium [J]. Waste Management Vol. 33, Iss. 1, January 2013: 3 – 11.

[25] Jana L. Walker Kevin Gover Commercial Solid and Hazardous Waste Disposal Projects on Indian Lands [J]. Yale Journal on Regulation, Vol. 10, Iss. 229, 1993: 77 – 89.

[26] Jiří Jaromír Klemeš. Waste treatment to improve recycling and minimise environmental impact Resources [C]. Conservation and Recycling Vol. 54, Iss. 5, March 2010: 267 – 270.

[27] Karen Palmer, Hilary Sigman, Margaret Walls. The Cost of Reducing Municipal Solid Waste [J]. Journal of Environmental Economics and Management Vol. 33, Iss. 2, June 1997: 128 – 150.

[28] Kinnaman, Thomas C, and Fullerton, Don. The economics of residential solid waste management [EB/OL]. National Bureau of Economic Research, Working Paper7326, http://www.nber.org/w7326, 1999.

[29] Klaus Wiemer. Development of Domestic Waste Treatment Technology in Germany [J]. Environmental Sanitation Engineering,

2004 (4): 101 - 116.

[30] Koos Kortland. An STS case study about students' decision making on the waste issue [J]. Science Education Vol. 80, Iss. 6, November 1996: 673 - 689.

[31] Kosuke Kawai, Masahiro Osako. Reduction of natural resource consumption in cement production in Japan by waste utilization [J]. Journal of Material Cycles and Waste Management, June 2012, Vol. 14, Iss. 2: 94 - 101.

[32] La Cour Jansen A life cycle approach to the management of household food waste - A Swedish full ~ scale case study [J]. Waste Management; Aug2011, Vol. 31, Iss. 8: 1879 - 1896.

[33] Lifset R. Industrial Metaphor, a Field, and a Journal [J]. Journal of Industrial Ecol, 1997, 1 (1): 1 - 3.

[34] M. Mazzanti, R Zoboli. Waste generation, waste disposal and policy effectiveness: Evidence on decoupling from the European Union [J]. Resources, Conservation and Recycling, Vol. 52, Iss. 10, August 2008: 1221 - 1234.

[35] Matthias Finkbeiner. Towards Life Cycle Sustainability Management [M]. Springer Science business Media B. V. 2011: 234 - 246.

[36] McDougall, F. R., White, P. R., Franke, M. and Hindle, P. (eds) Front matter, in Integrated Solid Waste Management: A Life Cycle Inventory [M]. Second Edition, Blackwell Publishing Company, Oxford, UK. 2007, 324 - 336.

[37] Menell, P., "Beyond the Throwaway Society: An IncentiveApproach to Regulating Municipal Solid Waste" [J]. Eco-logy Law Quarterly, 1990 (17): 655 - 739.

参 考 文 献

[38] Murad, Wahid, Siwar, Chamhuri. Factors Influencing Environmental Behavior of the Urban Poor Concerning Solid Waste Management [J]. Journal of Environmental Systems; 2004 - 2005, Vol. 31, Iss. 3: 257 - 277.

[39] Naushad Kollikkathara, Huan Feng, Eric SternA purview of waste management evolution: Special emphasis on USA Review Article [J]. Waste Management, Vol. 29, Iss. 2, February 2009: 974 - 985.

[40] Paine R T. Food Web Complexity and Species Diversity [J]. American National, 1966, 100 (1): 65 - 75.

[41] Pieter J. H. van Beukering, Heleen Bartelings, Vincent G. M. Linderhof, Frans H. Oosterhuis. Effectiveness of unit ~ based pricing of waste in the Netherlands: Applying a general equilibrium model [J]. Waste Management, Vol. 29, Iss. 11, November 2009: 2892 - 2901.

[42] R. P Singh, M Hakimi Ibrahim, Norizan Esa, M S Iliyana. Composting of waste from palm oil mill: A sustainable waste management practice [J]. Reviews in Environmental Science & Biotechnology. Dec 2010. Vol. 9, Iss. 4: 331.

[43] Raj Kumar Singh, Manoj Datta, Arvind Kumar Nema. A Time—Dependent System for Evaluating Groundwater Contamination Hazard Rating of Municipal Solid Waste Dumps [J]. Environmental Modeling & Assessment. Amsterdam: Dec 2010. Vol. 15, Iss. 6: 546 - 549.

[44] Ramzy Kahhat. Junbeum Kim. Exploring e-waste management systems in the United States [J]. Resources, Conservation and

Recycling, Vol. 52, Iss. 7, May 2008: 955 - 964.

[45] Schwarz, E. J., Steininger, K. W. Implementing nature's lesson: The industrial recycling network enhancing regional development [J]. Journal of Cleaner Production, v5, n1 - 2, 1997: 47 - 56.

[46] Stigler, G. J, "The theory of economic regulation" [J]. Bell Journal of Economics and Management Science, Vol. 2, Iss. 1, 1971: 3 - 21.

[47] Scott Michael Webel "The City of Living Garbage: Improvisational Ecologies of Austin, Texas" [D]. The University of Texas at Austin May 2010: 56 - 64.

[48] Seadon, Jeffrey K. Sustainable waste management systems [J]. Journal of Cleaner Production; No. 2010, Vol. 18, Iss. 16/17: 1639 - 1651.

[49] Stefan G. ling Reisemann "Entropy analysis of metal production and Recycling, Management of Environmental Quality" [J]. An International Journal, Vol. 19, Iss. 4, 2008: 487 - 492.

[50] Stock J. R. Reverse Logistics [M]. Oak Brook IL: Council of Logistics Management, 1992: 77 - 80.

[51] T. Dorn, M. Nelles, S Flamme, C Jinming. e-disposal technology transfer matching requirement clusters for waste disposal facilities in China [J]. Waste Management, 2012 (7): 25 - 29.

[52] T. F. Lichutina, K. G. Bogolitsyn, M. A. Gusakova. Environmental performance assessment for pulp and paper enterprises: Promising waste utilization options [J]. Russian Journal of General Chemistry, May 2012, Vol. 82, Iss. 5: 1040 - 1047.

[53] T. Narayana. Municipal solid waste management in India:

From waste disposal to recovery of resources? [J]. Waste Management Vol. 29, Iss. 3, March 2009: 1163 – 1166.

[54] Teerioja, Nea; Moliis, Katja; Kuvaja, Eveliina; Ollikainen, Markku; Punkkinen, Henna; Merta, Elina. Pneumatic vs. door-to-door waste collection systems in existing urban areas: A comparison of economic performance. Waste Management. Oct 2012, Vol. 32, Iss. 10: 1782 – 1791.

[55] UNEP Recycling from e-waste to resources: Sustainable innovation and technology [R]. UNEP transfer industrial sector studies. July. 2009: 256 – 260.

[56] Vaccari Mentore Bella Veronica Di; Vitali Francesco; Collivignarelli Carlo. From mixed to separate collection of solid waste: Benefits for the town of Zavidović (Bosnia and Herzegovina) [J]. Waste Management. Feb 2013, Vol. 33, Iss. 2: 277 – 286.

[57] Wertz, K. L., "Economic factors influencing households' production of refuse" [J]. Journal of Environmental. Econom-icsand Management, 1976, 2: 263 – 272.

[58] Wibbenmeyer, L. A.; Amelon. Trash and Brush Burning: An Underappreciated Mechanism of Thermal Injury in a Rural Community Wast [J]. Journal of Burn Care & Rehabilitation: March/April 2003, Vol. 24, Iss. 2: 85 – 89.

[59] Williams, I. D.; Cole, C. The impact of alternate weekly collections on waste arisings [J]. Science of the Total Environment. Feb2013, Vol. 445 – 446: 9 – 40.

中文部文

[60] 王琪. 我国固体废物处理处置产业发展现状及趋势

[J]. 环境保护, 2012 (15): 23-28.

[61] [美] 奥兹·夏伊. 产业组织: 理论与应用 (中译本) [M]. 北京: 清华大学出版社, 2005: 13-17.

[62] [英] 马歇尔著, 朱志泰译. 经济学原理 [M]. 北京: 商务印书馆, 2010: 195-205.

[63] 鲍立洁. 基于产业生态系统的产业园区建设与发展研究 [D]. 武汉: 武汉理工大学, 2012: 45-50.

[64] 卞亦文, 孙向阳, 李尚昱. 基于DEA的电子废弃物回收点选址 [J]. 工业工程与管理, 2012 (5): 29-34.

[65] 陈兵红. 再生资源产业促进丽水生态经济发展的对策研究 [J]. 资源与产业, 2010 (2): 139-144.

[66] 陈杨梅. 我们只有一个地球——节能和低碳生活方式 [M]. 上海: 上海科学普及出版社, 2011: 10-11.

[67] 程广平, 刘威. 企业逆向物流模式的综合评价研究 [J]. 统计与决策, 2007 (6): 150-152.

[68] 崔铁宁. 再生资源产业政策和机制的理论与实践 [M]. 北京: 中国环境科学出版社, 2011: 21-23.

[69] 冯之俊. 树立科学发展观, 促进循环经济发展 [J]. 上海大学学报 (社科版), 2004 (5): 45-51.

[70] 耿勇, 武春友. 国内外生态工业园发展述评 [J]. 产业与环境, 2003年 (增刊): 56-59.

[71] 郭庆春, 张咏梅, 任一鑫. 静脉产业下资源供给变化及相关影响 [J]. 山西财经大学学报, 2011 (4): 106-107.

[72] 国家环境保护总局. 静脉产业类生态工业园区标准 [M]. 北京: 中国环境科学出版社, 2006.

[73] 郝广才, 邹庐泉. 上海市固体废弃物管理系统静脉产

业链的构建 [J]. 环境卫生工程, 2007, 15 (4): 50-52.

[74] 胡明. 静脉产业园区在我国的发展——以大连静脉产业园区为例 [J]. 城市建设研究, 2012 (26): 13-17.

[75] 胡晓鹏. 产业共生: 理论界定及其内在机理 [J]. 中国工业经济, 2008 (9): 118-120.

[76] 张楠. 环保指标纳入政府的绩效考核 [N]. 北京晚报, 2012-2-17 (4).

[77] 嵇欣. 建立押金返还制度述评 [J]. 探索与争鸣, 2007 (4): 57-59.

[78] 解振华. 领导干部循环经济知识读本 [M]. 北京: 中国环境科学出版社, 第1版, 2005: 84-95.

[79] 李赶顺. 中国经济发展战略与循环经济 [M]. 北京: 中国环境科学出版社, 2007: 97-102.

[80] 李金惠, 王伟, 王洪涛. 城市生活垃圾规划与管理 [M]. 北京: 中国环境科学出版社, 2006: 11-20.

[81] 李岩. 日本循环经济研究 [D]. 沈阳: 辽宁大学, 2010: 6.

[82] 梁礼广, 桂诗瑞. 静脉产业BOT融资模式的动态博弈探析 [J]. 资源与产业, 2012, 14 (5): 153-159.

[83] 廖传惠. 延伸制造者责任制度及对我国固体废弃物处理的启示 [J]. 江苏商论, 2005 (12): 125-129.

[84] 刘红林, 苗永旺. 静脉产业与中国经济: 基于可持续发展的视角 [J]. 生态经济, 2009 (4): 149-154.

[85] 刘湘溶, 朱翔. 生态文明: 人类可持续发展的必由之路 [M]. 长沙: 湖南师范大学出版社, 2003: 77-84.

[86] 柳思维. 发展城乡旧货市场, 促进循环经济发展的若

干思考 [J]. 商业经济文荟, 2005 (6): 1-5.

[87] 卢黎霞, 杨樱. 循环经济视角下的农业废弃物资源化 [J]. 农村经济, 2011 (10): 89-93.

[88] 卢现祥, 王宇. 论国外发展低碳经济的财税政策支持体系 [J]. 经济与管理评论, 2012 (2): 13-17.

[89] 孟耀, 於嘉. 静脉产业、循环经济与节能减排 [J]. 东北财经大学学报, 2008 (7): 80-83.

[90] 苗建青. 论循环经济的效率问题——日本废弃物回收政策研究 [J]. 外国经济与管理, 2005 (12): 52.

[91] 聂永有. 循环经济条件下的静脉产业发展探索 [J]. 南方经济, 2005 (12): 94-98.

[92] 戚聿东. 中国垄断行业改革报告（垃圾行业处理行业改革报告, 第15章）[M]. 北京: 经济管理出版社, 2011: 224-228.

[93] 钱易, 唐孝炎. 环境保护与可持续发展（第2版）[M]. 北京: 高等教育出版社, 2010: 320-335.

[94] 秦海旭, 万玉秋, 夏远芬. 德日静脉产业发展经验及对中国的借鉴 [J]. 环境科学与管理, 2007 (6): 149-153.

[95] 曲格平. 发展循环经济是21世纪的大趋势 [J]. 当代生态农业, 2002 (1): 18-20.

[96] 任一鑫, 韩港, 曾丽君. 基于循环经济的静脉产业体系构建分析 [J]. 工业技术经济, 2009 (5): 23-28.

[97] 石青辉, 肖文金. 基于"两型社会"建设的长株潭地区旧货市场发展模式研究 [J]. 湖南商学院学报（双月刊）, 2012 (3): 11-14.

[98] 宋金华, 谢一鸣. 论我国矿产资源税费制度的生态化改革 [J]. 江西理工大学学报, 2010 (8): 21-25.

[99] 王崇梅. 以静脉产业为主导的日本生态工业园循环经济模式研究 [J]. 科技进步与对策, 2010 (2): 10-14.

[100] 王建明, 彭星闾. 城市固体废弃物规制政策研究综述——推进循环经济的前沿领域 [J]. 外国经济与管理, 2006 (9): 59-65.

[101] 王金藻. 开发利用再生资源与保护环境的关系 [J]. 中国人口·资源与环境, 1992 (3): 71-74.

[102] 王军, 史云娣, 岳思羽. 发展静脉产业对两型社会建设的重要作用 [J]. 中国发展, 2010 (12): 6-9.

[103] 王军. 静脉产业论 [M]. 北京: 中国时代经济出版社, 2011: 77-85.

[104] 王培暄. 我国现阶段再生资源产业管理中的问题及对策 [J]. 广西社会科学, 2011 (3): 62-64.

[105] 王文铭, 彭丽娟, 李征. 循环经济背景下我国再生资源开发与利用研究 [J]. 生态经济, 2011 (10): 161-163.

[106] 王亦楠. 我国大城市生活垃圾焚烧发电现状及发展研究 [J]. 宏观经济研究, 2010 (10): 12-16.

[107] 吴季松. 循环经济的由来与内涵 [J]. 新科技语研究, 2006 (1): 51-56.

[108] 徐嵩龄. 为循环经济定位 [J]. 产业经济研究, 2004 (6): 60-64.

[109] 姚凌兰, 贺文智, 李光明等. 我国电子废弃物回收管理发展现状 [J]. 环境科学与技术, 2012, 35 (S1): 410-414.

[110] 袁纯清. 共生理论——兼论小型经济 [M]. 北京: 经济科学出版社, 1998: 7-10.

[111] 张继承. 基于环境经济效益分析的再生资源产业政策

选择 [J]. 生态经济, 2011 (9): 106-111.

[112] 张科静. 国外电子废弃物再生资源化运作体系及对我国的启示 [J]. 中国人口·资源与环境, 2009 (2): 109-115.

[113] 张士强, 张杰, 任一鑫. 动脉产业与静脉产业的竞争关系及对策研究 [J]. 山东社会科学, 2012 (1): 164-168.

[114] 赵国党. 循环经济背景的静脉产业发展: 模式转化抑或可持续 [J]. 改革, 2011 (2): 35-40.

[115] 赵领娣, 李文政. 中国废弃物处理企业发展与城市就业增加探析 [J]. 经济与管理, 2009 (7): 55-39.

[116] 周宏春. 变废为宝: 中国资源再生产业与政策研究 [M]. 北京: 科学出版社, 2008: 1-5.

[117] 左铁镛. 树立科学发展观, 发展回圈经济, 推进回圈型社会建设, 全国技术经济与创新暨企业技术创新与管理学术研讨会论文集 [M]. 北京: 清华大学出版社, 2004: 15-26.

后　记

　　现代工业文明促进了人类社会发展，也对生态环境带来了无情踩踏。当人们津津乐道于工业文明带来丰富物质而尽情享受之时，是否意识到按照目前的发展模式，人类将逐步走向不归路。生态的破坏、资源的日趋枯竭问题不仅是经济发展的问题，更是地球上的生命体是否能够持久存在的问题。

　　从我国社会经济发展的历程来看，长期的粗放式经济增长带来的环境问题，已经给社会经济发展带来了制约；近年来，我国重视生态文明制度建设既是顺应着力解决世界资源环境问题的时代趋势，也是对我国在资源环境领域欠下的历史"债务"进行清偿。带着对上述问题的反思，作者在博士论文写作的基础上，决定出版《我国静脉产业体系构建研究——以城市固体废弃物处理产业为例》一书。

　　本书的出版，首先要感谢我的导师邹昭晞教授，在攻读博士学位期间，导师不仅对我学业进行了全面的指导，她严谨的治学态度，与人为善的处事原则，宽广豁达的处事风格，都深深地影响着我，使我终身受益。同时，感谢导师组的王稼琼教授、祝合良教授、刘英骥教授、董烨然副教授，正是他们生动的授课和帮助，诲人不倦的精神、严谨治学的态度，教会我的不仅是专业上的知识，更是终身学习上的方法。

　　感谢我的亲人们，他们的鼓励、支持是我前进永远不竭的动力。

2016 年 11 月